REGENERA TU CUERPO, DESPIERTA LA DIOSA EN TI

Guía naturista para recuperar tu salud, autoconfianza y poder femenino.

Pamela Bernal, NL- La Naturista

BIENETRE
EDITORIAL

REGENERA TU CUERPO, DESPIERTA LA DIOSA EN TI

Pamela Bernal, NL- La Naturista

© 2021 Editorial Bien-etre.

Publicado por: Editorial Bien-etre.

Diseño y Diagramación: Esteban Aquino, Ce Advertising.

Ilustración de portada: Fernando Calcaño Fatule

ISBN: 978-9945-628-24-1

Edición: Editorial Bien-etre.

www.a90d.com

Primera edición 2021.

Bonus: Adquiere gratis el cuaderno "Plan 90 días Regenera Tu Cuerpo, Despierta La Diosa En Ti", en la sección de recursos gratuitos en mi página web

Bonus: Busca mi grupo en Facebook Mujer Naturista, y únete a mi comunidad para recibir apoyo en el desarrollo de tu plan de 90 días para regenerar tu cuerpo y despertar la diosa en ti.

Índice

Capítulo 7

Capítulo 8

Agradecimientos

Agradezco al Padre Eterno y a la Madre Tierra por gestar en mí su sabiduría. Agradezco de todo corazón a todos los que de alguna forma u otra fueron partícipes de que este libro se hiciera una realidad.

Agradezco a cada mujer que haya visto en mi libro valor y lo haya adquirido.

Antes de iniciar el recorrido

Desde su propia experiencia personal como mujer aquejada de ciertas condiciones, actitudes negativas, y apoyada por la experiencia profesional desde la experiencia de ayudar a otras mujeres en su consultorio, Pamela Bernal, escribe este manifiesto y guía de salud especializada para la mujer. En una interesante y muy bien lograda combinación de ciencia y filosofía, nos descubre, en una forma sencilla y accesible para todo público, las prácticas para lograr el bienestar total: físico, mental y espiritual de las féminas.

No hay duda de la conexión entre la salud física, espiritual y mental; son muchos los estudios clínicos alrededor del mundo que lo evidencian. La fuerza testimonial de este proyecto editorial le otorga un gran atractivo al texto, puesto que significa que sus propuestas son exitosas si se observan las recomendaciones que la autora nos regala. Esta generosidad es otro valor añadido a este primer libro de Pamela Bernal: ella ha querido compartir con sus congéneres la sabiduría y conocimientos adquiridos en sus propias vivencias y formación profesional.

A su vez, el texto es muy didáctico y nos lleva ordenadamente, a través de ocho capítulos, por un viaje de descubrimiento de nuestro Ser y cómo lograr que ese "templo" se mantenga sano y pleno. La misma autora expresa que *"con este libro mi misión es ofrecerte conocimiento y herramientas para que conectes con el potencial que tienes como mujer a través de reconocer la fuerza sanadora de tu cuerpo, el potencial de tus emociones, la grandeza de tu ser interior, y el poder de la energía femenina"*.

Es una invitación insoslayable para una vida mejor. Te invito a dejarte convencer de su contenido. Hemos sido creadas para la una vida plena y feliz: ¡ES POSIBLE!

Ana A. Marchena Segura
Catedrática/escritora

Prólogo

"Lo esencial es invisible a los ojos".

El Principito, Antoine de Saint-Exupéry

Con esta célebre frase comienzo a describir el viaje de una diosa a través de su cuerpo, su mente, sus emociones, hasta llegar a su espíritu. Mientras fui leyendo, me percaté de cómo Pamela desde su sabiduría interna y sus experiencias profesionales como naturópata, logró enlazar cabalmente las áreas y facetas de las que estamos compuestas como mujeres. De una manera muy estudiada y bien cuidada, esta autora nos trae que ningún concepto está separado del otro. También nos muestra que hay una relación bidireccional entre estas facetas. Una alimenta a la otra. No se puede tener y mantener un cuerpo sano, si la mente no está sana. No se puede mantener una mente clara, si tenemos emociones que nos perturban y necesitamos resolver. No podemos alcanzar una vida espiritual plena, si nos atamos a hábitos nocivos que nos afectan nuestros cuerpos y nuestras mentes. Lo que realmente nos indica que todo es uno. Este libro también para Pamela ha sido el proceso de autodescubrimiento de su gran Poder Interior, como diosa que es. Como dice el famoso refrán anglosajón: *"She walks the talks!"*. Ella practica lo que predica. Ella ha pasado por el proceso y lo ha ido experimentando. Lo ha recomendado a otras mujeres y ha tenido un rotundo éxito en ver cambios positivos tanto en la vida de ellas, como en la suya propia.

La medicina que realmente da resultados es aquella que combina todos los aspectos del ser. Se dice que para cambiar un hábito se necesitan como mínimo 21 días practicando consecutivamente la misma conducta que te lleve a tu meta. Puedes realizar esa acción de forma repetitiva y mecánica hasta lograrlo. No obstante, si en ese proceso no hay un cambio de conciencia y un despertar de integrar ese hábito a tu vida, es muy difícil que puedas mantener el estado deseado por tiempo prolongado. Pamela nos enseña cómo nuestro cuerpo físico está directamente influenciado por nuestras emociones y nuestros pensamientos. A su vez, nos indica cómo un pensamiento y una emoción sostenidas en el tiempo y no resueltas nos pueden traer desbalances hormonales, fisiológicos, e incluso infecciones por patógenos (virus, bacterias, hongos, etcétera). En otro aspecto bien importante, Pamela considera grandemente la influencia del medio ambiente en nuestras vidas. El llevar a conocer nuestros ciclos biológicos es un aspecto vital para nuestra vida reproductiva, nuestro bienestar, tener una sexualidad plena, y satisfacción en todas las áreas de nuestras vidas. El viaje a conocerte a través de las recomendaciones y las experiencias de esta experta en el campo de la naturopatía, te convertirán en una observadora consciente de todo lo que sucede en tu interior y en tu entorno. Esto hace que tengas el poder de tomar decisiones en tu vida que te apoyen en tu crecimiento y evolución como mujer.

Y no menos importante, la autora nos trae lo esencial del aspecto espiritual integrado en estos procesos. El ser uno con esa parte no tangible del Ser, y poder escucharla, lleva a la mujer a escuchar su voz interior. Lo que a su vez hace que desarrolle su intuición, un sentido sumamente importante no tan solo para la subsistencia en este plano, sino también para el desarrollo de otras capacidades mucho más trascendentales en nuestro proceso evolutivo. Erróneamente, la espiritualidad se ha asociado con religiosidad. Son aspectos completamente distintos. Lo que nuestra autora nos invita es a conectar con ese gran Poder Interior de diosas que somos para poder gestionar y elegir nuestros pensamientos, reconocer y validar nuestras emociones, a aceptar nuestro cuerpo físico con sus funciones y su manera de expresarse. Esto es, para así vivir una vida en plenitud, salud, amor, y armonía como nosotras nos merecemos.

¡Tu diosa te espera para guiarte a través del contenido de este maravilloso libro!

Con mucho honor y gratitud,

Dra. Anissa V. Hernández

Médico-psiquiatra

Guía en terapia de bosques.

Introducción

Este libro está inspirado en aquellas mujeres latinas que en mi práctica como profesional de la salud y actualmente como naturópata, me ha tocado atender y apoyar en sus procesos de recuperar su cuerpo ideal, su salud y su estado emocional. Me inspiraron pues resulta que, mientras me tocaba hablarles para apoyarlas y guiarlas en su proceso, pareciera que le hablaba a aquella mujer guerrera, enferma, insegura, estresada, desconfiada, y además malhumorada, enojona y cerrada que también fui y que dejé atrás gracias al despertar que me permití experimentar, aplicando muchos de los conceptos que explico en este libro.

Este libro lleva la intención de que tal como yo lo hice, tú, mujer grandiosa, puedas también despertar y descubrir tu potencial como mujer y como ser humano. Te comparto conocimientos para reconocer tu esencia natural y que de una forma práctica regreses a ella y la mantengas para procurar regenerar tanto tu cuerpo ideal, como tu salud y confianza en la vida. Además, comparto las herramientas que me apoyaron en mi proceso personal, y con las cuales apoyo a mis pacientes. Sé que también te podrán ayudar a ti.

Como mujeres latinas, tenemos una gran situación que creo que es la raíz de todos nuestros padecimientos físicos, emocionales y sociales: *no nos conocemos*. No conocemos nuestro cuerpo, estamos desconectadas de nuestras emociones y vivimos sometidas a programaciones limitantes de antaño. Cuando reconoces de qué estas hecha, cuál es tu potencial como mujer, y pones en práctica tu grandeza, entonces es muy poco probable que aceptes actos de violencia en tu contra, practiques hábitos que te lleven a enfermar o que económicamente vivas con recursos limitados.

Las estadísticas de muestran mi punto. Según estudios, en Estados Unidos, el cáncer es la principal causa de muerte en latinas entre las edades de 25 y 54 años. La tasa de mortalidad por cáncer para las latinas es de 298 por 100.000 en comparación con 180,6 para los negros y 155 para los blancos. El cáncer de cuello uterino es más común en grupos étnicos, particularmente en mujeres latinas, que actualmente tienen las tasas de incidencia más altas en los EE. UU. (Massey, 2016) Según estadísticas, es menos probable que las latinas se realicen mamografías y pruebas de Papanicolaou con regularidad. Esto puede indicar una correlación con la tasa de mortalidad más alta por cánceres de mama y de cuello uterino en comparación con sus contrapartes no latinas. Además, las latinas identificaron barreras como el miedo a los resultados, la vergüenza de ser tocadas, el acceso a la atención médica y los problemas de idioma como razones para no realizarse exámenes de detección regulares (Corcoran A, 2014).

Por otro lado, las enfermedades cardiovasculares y cerebrovasculares son otro de los principales problemas de salud que enfrentan las latinas en la actualidad. Las disparidades de salud cardiovascular en la población latina existen debido a las barreras de ingresos, las barreras del idioma y las barreras de la educación de la salud (Bonow RO, 2005). Según indican, las mujeres latinas no estaban tan informadas sobre las medidas cardiovasculares saludables para la presión arterial, los lípidos en sangre y los niveles de glucosa en sangre en ayunas en comparación con otros grupos (Bonow RO, 2005).

En cuanto a temas sociales, América Latina ya tiene las tasas más altas de violencia de género en el mundo, con Brasil, México, Argentina, Perú, El Salvador y Bolivia representando el 81% de los casos globales (Plan-international.org, 2020). La violencia es un problema de salud importante para las latinas en los Estados Unidos (EE. UU.) Con un 54,9% de mujeres latinas que reportan victimización violenta (Carolyn Murdaugh, 2004). Estas estadísticas no mienten, es lo que nuestras abuelas, tías y madres han venido padeciendo. Como nueva generación, tenemos el deber de romper con esos patrones y sanar nuestro linaje para no repetir y poder cambiar nuestro futuro. Conocer nuestro cuerpo, sanar el dolor de nuestro vientre, y empoderarnos emocional y mentalmente desde el amor y el conocimiento creo que es una buena forma de empezar.

A mis 30 años me bastaron algunas pocas experiencias para poder comprender la vida y de qué estamos hechas. Se lo adjudico a mi espiritualidad. Mi aspecto espiritual siempre me guio al conocimiento y la búsqueda de respuestas de lo que no comprendía. De este modo, desperté. No pretendo decir que lo sé todo, aún me falta por experimentar y aprender. Tampoco puedo decir que mi despertar tiene que ser el tuyo o que lo que explico en este escrito es la única forma de hacerlo. Sin embargo, te comparto en este libro mi experiencia y conocimiento que tal vez te apoyen en tu crecimiento personal como mujer. Mi meta es que tú también puedas despertar tu potencial, entendiendo cómo funciona tu cuerpo, tu mente y tú ser.

Mi misión personal es apoyar la elevación de la frecuencia energética del planeta, ayudando a una mujer a la vez. Si despiertas tu potencial como ser humano, vibrarás alto y el planeta también lo hará. Estoy segura de que como mujer buscarás compartir tu experiencia y conocimiento para que los que están a tu alrededor también lo hagan, pues ese es nuestro instinto. De este modo, todos lograremos una elevación de consciencia y regeneración en nuestro planeta.

Mi invitación con este libro es a cambiar tu percepción de muchas cosas que aún te limitan a verte y sentirte plena. Cosas como tu estilo de vida, el amor y el dinero. Me encantaría que al terminar de leer este libro pudieras entender que no viniste a esta vida a ser guerrera, sino que eres totalmente una diosa. Permite que la sabiduría y energía que lleva este libro te guíen a reconocerte y actuar cada vez que te sientas perdida sobre quién eres y reconocer tu capacidad de regenerarte, cada vez que así lo necesites en el caminar por la vida. Tienes el poder de ser tu propia medicina y de rescatar a la diosa que hay en ti.

Por último, con este libro mi misión es ofrecerte conocimiento y herramientas para que conectes con el potencial que tienes como mujer a través de reconocer la fuerza sanadora de tu cuerpo, el potencial de tus emociones, la grandeza de tu ser interior, y el poder de la energía femenina. Comparto un poco de mi historia personal, herramientas prácticas de sabiduría ancestral y algunos consejos de estilo de vida naturista que puedes incluir en tu vida moderna para manifestar la salud, recuperar tu poder y convertirte en la diosa creadora de la vida que mereces.

Gracias e infinitas bendiciones

Pamela Bernal, NL– La Naturista

www.mujernaturista.com

CAPÍTULO 1

Reconoce tu verdadera esencia y naturaleza

"No busques afuera, todo está dentro de ti"

- José Melchor Ayala

Ya eres salud, amor y abundancia

En estos momentos te invito a que tomes una respiración profunda y conectes con esa parte de ti que ya sabe muy en su interior que su esencia física es la salud perfecta, cuya esencia emocional es el amor incondicional y que su capacidad mental unida a la sabiduría de su ser es capaz de manifestar la vida y abundancia que quieras. Sí, así es, solo lo has olvidado y estoy aquí ayudándote a recordarlo. Lo has olvidado porque desde que naciste hasta hoy, las circunstancias en tu vida te han venido programando para creer lo contrario.

Desde pequeña te enseñaron que la salud no depende de ti, sino de un medicamento recetado por tu médico o disponible en la farmacia, o creciste mirando las novelas y películas donde se muestra el concepto del amor solo desde un punto de vista romántico y de pareja, donde la meta es encontrar esa mitad que te falta y te complementa. O tal vez escuchaste a tus padres discutir asuntos de dinero y te programaron para ser una fajona y luchadora en la búsqueda del dinero y la prosperidad. O peor aún, escuchaste decir que consiguieras a un hombre con dinero para poder vivir bien y feliz. Todos estos ejemplos los escuché en conversaciones de grupos de mujeres en mi país, y son programaciones que tal vez te llevaron a tomar acciones en contra de tu esencia natural de salud, amor y abundancia.

Si en estos momentos de tu vida te falta alguno de estos estados, digamos que: si estás enferma, estás insatisfecha con tu cuerpo, no estás feliz en tus relaciones (pareja, laboral, familiar) y estás preocupada por asuntos de dinero... esto está bloqueando tú potencial y esencia natural. Pero, este bloqueo no viene de afuera, viene de ti misma y de tu propia reacción a la vida que vienes creando, por desconocimiento de los estados de tu esencia física, mental, emocional y espiritual y por las mentiras que te hicieron creer toda tu vida.

La enfermedad, la escasez y el desamor no existen. Permíteme explicarte mejor. Tomemos un ejemplo básico. Así como la oscuridad es la ausencia de luz y el frío es la ausencia de calor; la enfermedad es la ausencia de salud, la escasez es la ausencia de abundancia y la infelicidad es la ausencia de amor. Al igual que la oscuridad y el frío, la enfermedad, la escasez y la infelicidad no existen en sí mismos, sino que son la ausencia de la divina creación en armonía, de la salud, el amor y la abundancia infinitos en ti. Veamos en este primer capítulo un recorrido a reconocer y recordar la naturaleza de tus tres esencias.

Reconoce tu naturaleza física: el templo de una diosa, tu cuerpo ya es salud perfecta

El cuerpo es una máquina perfecta, pensada y creada a nivel divino. Tu cuerpo es tu templo. Tu cuerpo físico ha sido creado y te ha sido dado con el potencial de regenerarse y sanar por sí mismo, con la condición, de que se le ofrezca siempre lo necesario y esencial para hacerlo. Esta condición es irrompible, porque gracias a la química y física, es un hecho que tu cuerpo físico ya viene programado para alimentarse y recargarse de ciertas cosas y no de otras.

La unidad básica de tu cuerpo es la célula, cada célula tiene la capacidad de responder a su ambiente externo con la intención de siempre proteger su vida, que es tu vida. Cuando le ofreces a tus células los insumos necesarios para sobrevivir y funcionar correctamente, ella nunca tendrá que activar el modo de sobrevivencia y funcionará siempre a favor de mantener tu energía vital o salud en estado óptimo.

Sin embargo, cuando la célula se encuentra recibiendo insumos nocivos del ambiente en donde se encuentra, es muy probable que empiece a funcionar incorrectamente, pero siempre buscando la forma de sobrevivir. Ella siempre reaccionará a su ambiente. Si se encuentra en un ambiente hostil, buscará la forma de sobrevivir. Pero, en este proceso de sobrevivencia también reaccionará descompensando otras funciones que la harán comportarse de forma incorrecta, provocando desequilibrios que se manifiestan como malestares físicos o lo que llamamos síntomas.

Cuando dije que la célula está hecha para alimentarse de ciertas cosas y otras no, me refiero a que su programación es específica para recibir energía natural en su forma más básica: energía de la tierra, el agua, el aire, la luz y el aliento. Los cuatro elementos y el aliento. El aliento, es la energía sutil, tu ser, tu espíritu, tu luz, el chi. Los cuatro elementos y el quinto, que es el aliento, componen tu esencia y eso es lo que da vida a tus células, manifestadas de forma que tú puedas asimilar en este plano físico sol, aire, tierra, agua y energía.

Es así como, por ejemplo, estás hecha para alimentarte de la luz del sol, ya sea directamente a través de tus ojos y piel o en forma de alimento. Hay humanos que han desarrollado la capacidad de alimentarse directamente de energía solar. Como la gran mayoría, aún no has desarrollado la capacidad de recibir los fotones de hidrógenos directamente de la luz solar y transformarla directamente en energía física, las plantas hacen ese trabajo por ti. Se piensa que las plantas solo nos apoyan en la transformación del carbono en oxígeno. Sin embargo, a través de la fotosíntesis, las plantas tienen la capacidad de transformar la energía solar en su propio alimento y a la vez crear usufructos que sirven de alimento para tu consumo: frutas, vegetales, hortalizas, viandas, hojas, frutos secos y semillas, todos son energía solar transformada en alimento por ese proceso divino que realiza cada planta que existe con un propósito. Las plantas a su vez necesitan del aire, el agua y la tierra para llevar a cabo este proceso, de modo que en el alimento que crean están presentes todos estos elementos.

Otra parte de ti es agua, por eso necesitas agua para sobrevivir. Otra es aire, por eso necesitas respirar, y otra parte de ti es tierra y es la que obtienes también a través de los alimentos que contienen minerales, que son componentes de la tierra.

Así como las plantas, los humanos y los animales también son como máquinas transformadoras de energía, ya que al ingerir los beneficios de las plantas su sistema digestivo y metabolismo tienen la capacidad de convertirlos en energía para el funcionamiento de sus células. Esta es la forma más eficiente de alimentarte; es la manera más fácil y directa de recibir la energía del sol y la tierra, a través de los alimentos y convertirla en energía para las células sin ningún esfuerzo mayor. Para eso te fue dado tu maravilloso sistema digestivo. (Uso la analogía del sistema digestivo como máquina, a modo de ejemplo, pero es todo lo contrario, las maquinas fueron creadas imitando la naturaleza).

Consumir alimentos de origen animal no es tan eficiente como consumir alimentos de origen vegetal. Debido a que necesitas gastar más energía para transformar la materia animal en energía para tus células, el valor energético que obtienes es menor. Si miramos la cadena alimenticia desde el punto de vista energético, la fuente animal es la forma menos directa de energía solar y de minerales de la tierra. Así que al consumir materia animal estarías recibiendo menos por más esfuerzo. Sin embargo, sí puedes, tienes y has desarrollado con el tiempo la capacidad de transformar el alimento de fuente animal, no obstante, si lo miramos en términos matemáticos, muchas veces no sería lo más eficiente y en algunos casos el proceso de transformación de energía pudiera quedar en negativo: gastando más energía en digerir, versus la energía que obtienes del producto animal, y es aquí cuando este y otros factores empiezan a quitarte energía vital o salud física.

Cuando se trata de regenerar, la fórmula energética debe ser en positivo. Sin embargo, en casos donde has recuperado tu energía vital o necesitas acumular energía en forma de masa muscular, la ingesta moderada y consciente de producto animal no será un problema, siempre tomando en cuenta, los factores personales como la capacidad digestiva y depurativa que tiene cada persona para eliminar los residuos tóxicos que genera el metabolismo de estos alimentos.

El principal factor que va bloqueando tu salud física está en este hecho del valor energético negativo, que no solo se puede dar al ingerir producto animal, sino también al consumir "comida" creada y manipulada por el hombre. Comida que no es directa del sol, el aire, el agua o la tierra y para la cual tu sistema digestivo y tu cuerpo no están programados. De modo que, enfermar es como le llamamos a esa reacción del cuerpo físico cuando va perdiendo su energía vital debido a formas poco eficientes de alimentarte. Es como si le pusieras a una computadora Mac un programa creado para un sistema operativo de Windows. Es posible que lo puedas instalar y activar, pero será menos fácil la instalación y es muy probable que no funcione tan eficientemente, provocando que la Mac disminuya su velocidad operativa, en tu caso, la energía vital.

La enfermedad es el desequilibrio que se crea cuando se rompe la ley natural de cómo y con qué debes alimentarte y cómo y con qué debes mantener tu energía vital. Mientras que, los síntomas son las señales de alerta que tu cuerpo da, respondiendo a este ambiente al que no debería ser expuesto.

Entonces, ¿qué necesita realmente tu cuerpo y tus células para manifestar salud?

Veamos:

1. Energía solar y de la tierra en forma de alimento más básico: alimentosa base de plantas y subproductos de origen animal.

2. Energía del agua en forma de agua mineral.

3. Energía de calor en forma de movimiento: ejercicio.

4. Energía vibratoria en forma de ondas: emociones y actitud mental.

5. Ambiente o terreno limpio donde pueda hacer sus funciones de metabolismo y desintoxicación correctamente, que va a depender de las primeras 4 cosas.

¿Qué cosas pueden estar bloqueando la manifestación de tu equilibrio y energía vital?

1. Maneras ineficientes de recibir la luz solar y la tierra:

1.1. Ingesta de alimento procesado, industrializado, contaminado y manipulado por el hombre.

1.2. Exceso de producto de origen animal

1.3. Formas incorrectas de procesar el alimento esencial

1.3.1. Mal proceso digestivo por estrés

1.3.2. Formas incorrectas de combinar y transformar el alimento (el proceso de cocinar)

2. Maneras ineficientes de recibir la energía del agua:

2.1. Agua contaminada con fluoruro.

2.2. Agua purificada sin minerales ni carga eléctrica.

3. Maneras ineficientes de recibir la energía de calor:

3.1. Inactividad física.

3.2. Sedentarismo.

4. Maneras ineficientes de recibir la energía del aire:

4.1. Aire contaminado.

4.2. Respiración inadecuada.

5. Uso incorrecto de la energía vital o chi

5.1. Abuso o desuso de la energía sexual.

6. Formas incorrectas de reaccionar a las ondas vibratorias:

6.1. Estrés, ansiedad o depresión a causa de una mala percepción dela realidad vivida.

6.2. Desconocimiento del poder de sanación.

7. Intoxicación del terreno donde se encuentra la célula debido a todos los factores anteriores y su acumulación a través del tiempo además de la exposición directa a químicos.

7.1. Productos de cuidado personal con químicos

7.2. Productos de limpieza con químicos

7.3. Exposición al aire y agua contaminados.

Dice un dicho que la ignorancia es atrevida, y en este caso el desconocimiento de tu esencia física, la energía vital y cómo se mantiene la salud perfecta, puede llevarte a crear maneras incorrectas de estilos de vida que van en contra de tu energía vital.

Estas acciones en contra de tu energía vital han venido creando el terreno ideal para que se desarrollen condiciones de salud que se vienen pasando de generación en generación. Es como darle a tu bosque un ambiente hostil donde no se puede regenerar, aunque tenga esa capacidad.

Tu información genética es como un disco duro en dónde vienes guardando todo lo que tú has procesado y recogido de otras versiones que existieron en el pasado, en este caso tus padres y abuelos. Cuando llega el momento de cambiar e introducir la información a otros, que en este caso serían tus hijos, estarás pasando todos los errores que vienes cometiendo al manejar tus programas. Esto es lo que ocurre con la información genética del ser humano de generación en generación. Es por eso que se ha venido perdiendo la esencia de la salud perfecta y ya se viene manifestando la enfermedad incluso desde el nacimiento y la niñez.

Sin embargo, es posible reprogramarte físicamente, y darle *"delete"* (que en español significa "borrar") toda esa información errónea y empezar a instalar programas que te ayuden a recuperar la esencia de tu salud perfecta. Es posible regenerar tu bosque y dejar un mejor legado de salud para futuras generaciones. Como mujer, tienes una gran responsabilidad al ser dadora de vida, tanto de vida física al tener hijos, como energética al dejar un legado de buenos hábitos de salud.

Lo más importante es reconocer de qué se nutre tu esencia física y empezar a limpiar las cosas que están bloqueando la manifestación de tu energía vital y salud física. Luego, comenzar a nutrirte, integrando las cosas que necesitan tus células para crear salud. Es muy importante estar atentos a las señales —síntomas- que nos da el cuerpo. De estas señales va a depender la intensidad del esfuerzo que tendrás que hacer para quitar los bloqueos y empezar a manifestar salud y vitalidad. Para ti como mujer, una manifestación ideal de salud y vitalidad es tu fertilidad. Al ser mujer, tu templo fue creado para dar vida, así que la fertilidad es la máxima expresión de tu vitalidad. La salud y síntomas de tu ciclo menstrual, no importa en cual etapa de vida estés, dará muchas pistas relacionadas a este hecho.

Mientras más crónica (obesidad, diabetes) y degenerativa (lupus, cáncer) es un desequilibrio físico, mayor será el tiempo y el esfuerzo que tendrás que hacer para recuperar tu vitalidad, pero te aseguro que valdrá la pena. Tomar acciones preventivas es la clave para estar en ritmo con la armonía de vitalidad y salud física. Esto significa hacer un esfuerzo constante y continuo por darle a tu cuerpo físico lo que requiere y merece, de modo que no tenga la oportunidad de reaccionar al desequilibrio, enfermedad o baja energía vital. Además, es muy importante, disfrutar del proceso de sanación. ¿Cómo se logra? Sí, es posible, de eso te hablaré más adelante. Sigamos en tu recorrido por recordar y reconocer tu esencia natural.

Reconoce tu naturaleza emocional: el corazón de una diosa, ya eres puro amor

Así como físicamente te fue dada la salud perfecta para vivir plenamente en tu cuerpo físico, también te fue dado el amor incondicional como el estado natural de tu ser energético o espíritu que está guardado como un cristal en tu corazón. Te invito a que en estos momentos tomes una respiración profunda y recuerdes esta verdad. *Ya eres amor puro e incondicional.* Entonces, no tienes que buscar amor fuera de ti si ya lo eres. Cuando hablo de amor no me refiero solamente al amor ideal de pareja, me refiero también a la manifestación del amor en todos los aspectos de tu vida: amor propio, amor de pareja, amor familiar, amor a tu profesión, amor a tu trabajo, amor a la vida, amor a la humanidad.

Si no estás manifestando el amor en todos los aspectos de tu vida es porque no has reconocido que eres amor. Estás actuando en contra de esta verdad y has escogido bloquear la manifestación del amor en tu vida, porque tal vez te han hecho creer lo contrario. Por el desconocimiento de que ya eres amor, es posible que las experiencias dolorosas relacionadas al amor en tu vida te estén enseñado esta verdad de una forma negativa, pero no lo reconoces.

Tus células físicas también responden a la energía del amor. Pues, además del cuerpo físico, existe también en ti un cuerpo emocional o energético que se alimenta de la experimentación del amor incondicional a través de tus cinco sentidos. Las células responden a tus emociones y se ha evidenciado científicamente. Así lo dice en su libro *Molecules of Emotions*, la Dra. Candace Pert, una neurocientífica estadounidense que ha sido pionera en este campo, con el descubrimiento del receptor opiáceo. Gracias a este receptor tus células tienen la capacidad de responder a mecanismos energéticos proveniente de emociones y pensamientos.

Tu campo energético o espíritu es quien canaliza el amor y todas las demás emociones. Las emociones son energía en movimiento (*e-motion*). Es el espíritu, ese cuerpo emocional que se encarga de guardar las emociones que vas experimentando utilizando tu cuerpo y los cinco sentidos. Es entonces a través del cuerpo y los sentidos, que también podrás transformar tus emociones. Esta energía manifestada en emociones es también el lenguaje por el cual tu Yo superior o tu espíritu se expresa de manera física. Tú espíritu, ser o Yo superior eres tú misma, pero en otra dimensión energética de tiempo que no se ve físicamente.

Es lo que la física cuántica y su pionero el Dr. Jean Pierre Garnier Malet, describe como el "Yo cuántico", que está conectado y se alimenta directamente del alma universal, o la energía Divina del Padre Eterno Innominado (Malet, 2014). Esa energía infinita que ha creado toda la existencia del Universo, desde el amor incondicional y siguiendo las leyes universales de la creación.

En esencia, tu yo cuántico es lo que realmente eres, utilizando un cuerpo físico para experimentar en este plano terrenal. Así que tu verdadera esencia es energética y a eso le llamo la esencia divina. Tu esencia espiritual no tiene que ver con religiones, tiene que ver con energía. Fuiste creada a imagen y semejanza de la Energía Universal, que es energía y su amor incondicional como energía creadora está indudablemente manifestada en cada una de tus células. Tu ser, espíritu o yo cuántico, se desequilibra cuando no está directamente conectado con la energía del amor incondicional y cuando existen bloqueos en ti que están impidiendo que el amor sea parte de tu vida. Es como negar con tus actos tu esencia de amor. Desconectarte del amor, es como desconectarte de una de tus esencias.

Tu campo emocional o energético no se ve a simple vista para la mayoría, sin embargo, eso no significa que no esté y que otros no tengan el don de verlo. Sí, existe y está muy conectado a ti y a tu cuerpo físico. Tan así, que todo desequilibrio en tu campo emocional que no sea atendido se manifestará eventualmente en el campo físico. Tu cuerpo emocional busca darte señales de desequilibrio de modo que puedas ayudarlo a equilibrarse.

El estrés, la depresión, la angustia, entre otras emociones de baja vibración son algunas de estas señales de uno de los extremos del desequilibrio emocional. La raíz de todas estas emociones de baja vibración es el miedo. Es por esto que la primera forma de manifestación del desequilibrio emocional se experimenta a través del miedo. El miedo es la emoción contraria al amor. Al reaccionar al miedo creas dos respuestas de defensa que van a favor de la ley de supervivencia: pelear o huir.

Recuerda que tu ser siempre buscará la manera de vivir, sobrevivir e ir a favor de la vida. De modo que, al verse amenazada la vida y el amor, ante la presencia del miedo, la respuesta será pelear o huir. Aquí se activa lo que yo llamo el Modo Guerrera, que es cuando dejas de actuar desde tu potencial divino en amor para convertirte en una combatiente que se enfrenta a la vida desde el miedo o la ira, y que empieza a percibir al mundo como una guerra en contra tuya o en contra de los tuyos. Entonces, te conviertes en la guerrera víctima o la sacrificada. La guerrera víctima del miedo y las circunstancias, y la guerrera presa de la ira que enfrenta con pelea cada circunstancia.

Este arquetipo de guerrera es el que te aleja de tu divinidad y te envuelve en un estado donde inconscientemente pones tu fuerza creadora a trabajar en tu contra. Manifestando en tu vida las circunstancias o experiencias que te causan más dolor, ira, y miedo. La guerrera también busca controlar las circunstancias, se enfrenta a la vida en vez de vivirla. Despegada de su aspecto divino, olvida y no comprende que todo tal cual como sucede tiene un propósito. En su olvido también piensa que el mundo material es su esencia y busca desmedidamente saciar sus pasiones carnales o materiales sin ponerle amor. Es así como la guerrera manifiesta cosas como una vida llena de conflictos, una vida profesional insatisfactoria y relaciones vacías. Buscando experimentar emociones placenteras que no la llenan plenamente, y a la vez la van alejando cada vez más de su verdadera esencia de amor incondicional.

A falta de reconocer su esencia de amor incondicional, una guerrera puede volverse presa de la lujuria, creyendo que la liberación sexual es la respuesta al uso de su energía sexual. Tal vez se apega a las cosas con avaricia, creyendo que el lujo, las compras y lo material satisfarán su corazón, o desarrolla la gula y los vicios, buscando en la comida, el alcohol o las drogas para llenar un vacío de amor. Quizás puede expresar la soberbia queriendo tapar su falta de confianza con pisotear a los demás.

También puede pasar que se ahoga en la ira, creyéndose víctima de todo lo que le pasa haciéndole frente o cayendo en la amargura de la envidia, pensando que no tiene el poder para crear la vida que desea y ve en los demás. Y, por último, se puede rendir a la vida, presa de la pereza, olvidando el cumplimiento de su propósito divino. Te hablo desde la experiencia, yo en algún momento me creí guerrera y experimenté algunas de estas cosas. En los próximos capítulos conocerás poco a poco parte de mi historia.

Para salir del arquetipo de la guerrera tienes que recordar y retomar tu esencia divina. Tal vez como a muchas, nunca te hablaron de tu esencia divina y te programaron para ser guerrera. Yo recuerdo que mi madre siempre me decía desde pequeña, "somos de guerra", y eso me creí por mucho tiempo. Tal vez te lo enseñaron o lo aprendiste mirando a otras mujeres en tu núcleo familiar, que en algún momento perdieron su esencia divina y tuvieron que actuar como guerreras ante situaciones difíciles en la vida. También pudiste haber adquirido el arquetipo de guerrera al pasar por alguna circunstancia dolorosa de la cual no tuviste control, pero que te dio mucho miedo y amenazó tu vida, tu cuerpo o tu esencia.

Si esto último es tu caso, quisiera que entiendas que nada de lo que te ocurre está fuera de tu poder de creación o la ley natural de causa y efecto. Si has pasado por experiencias dolorosas que activaron tu modo guerrera, te invito a reflexionar y a buscar el porqué, y cuál es el propósito de estas circunstancias en tu vida, te invito a perdonarte, perdonar y sanar para que retomes el corazón de tu diosa. El primer paso es reconocerte y saber que no viniste a este mundo a actuar como guerrera. Segundo, debes identificar en qué aspectos o áreas de tu vida tienes activada a tu guerrera, volverte consciente de ella y poco a poco transformarla. En el capítulo 4 abundaré más sobre esto.

Habrá circunstancias en donde tu guerrera se sentirá tan amenazada que querrá pelear o huir sin la posibilidad de hacerlo, generando reacciones como ansiedad, estrés, depresión, coraje o ira. Vivimos actualmente en un sistema en donde la rutina, roles y quehaceres, constantemente amenazan tu esencia divina. Por otro lado, también estamos presas en un sistema que, a propósito, tiene la meta de entretenerte y hacerte olvidar tu esencia divina. Tienes que estar muy despierta y atenta para rescatar tu diosa y vivir desde la plenitud que te pertenece.

Cuando no eres consciente de las emociones que vas creando y las ignoras, estas van fragmentando tu campo energético y robando tu energía vital, hasta posiblemente convertirse en manifestaciones físicas como el dolor o enfermedad. Como nunca te enseñaron sobre tu cuerpo emocional y sus necesidades, para ti y para la mayoría es difícil atender a tiempo estas señales emocionales y no es hasta que son físicas que la experimentas. Lo que necesitas entender es que todas las emociones contrarias al amor incondicional que ya eres son simplemente tu reacción al miedo, generado por el ambiente hostil donde no reconoces que ya eres amor.

Al igual que te expliqué sobre las cosas antinaturales a las que expones tu cuerpo físico, que van deteriorando tu esencia natural de salud perfecta, así mismo cuando te expones al campo emocional y energético experimentando la vida desde ser guerrera, se va deteriorando tu campo emocional y energético. Este también se alimenta y reacciona al ambiente hostil en que se encuentra, dándote señales o síntomas de deterioro o desequilibrio, síntomas como fatiga, falta de ánimo, ansiedad y ataques de pánico. Cuando logras reconocer qué cosas alimentan tu cuerpo emocional y atender las señales que te da en forma de emociones, es posible actuar para recuperar tu esencia divina de amor incondicional. Entonces, vas recuperando tu corazón puro y a la diosa en ti.

¿Qué necesita tu campo emocional para manifestar el amor? Veamos:

1. Experimentar con sus 5 sentidos y en todas las áreas el amor

    1.1. Amor propio

    1.2. Amor de pareja

    1.3. Amor de familia

    1.4. Amor al trabajo

1.5. Amor a la humanidad

1.6. Amor a la madre tierra

1.7. Amor al Padre Eterno.

2. ¿Qué cosas pueden estar bloqueando la manifestación del amor en tu vida?

2.1. Falta de estima y amor propio

2.2. Falta de amor de familia y pareja

2.3. Falta de amor a tu labor o trabajo

2.4. Falta de propósito

2.5. Falta de perdón, tanto a ti misma como a los demás

2.6. Desconocimiento del amor incondicional del Divino Creador

2.7. Intoxicación del cuerpo emocional debido a todos los factores anteriores y su acumulación a través del tiempo.

Más adelante, veremos con más detalle cómo ir limpiando, nutriendo, sanando y recuperando el corazón de la diosa. Sigamos ahora el recorrido por reconocer tu naturaleza mental.

Reconoce tu naturaleza mental: la mente de una diosa, creación sin límites

Aquí me gustaría introducirte los aspectos de tu esencia mental y lo voy a enfocar en la abundancia y prosperidad. El dinero, la prosperidad y la abundancia son un aspecto que a muchas mujeres hoy en día les causa mucha preocupación y ansiedad. La escasez y el dinero son de las mayores preocupaciones de muchas mujeres, tal vez también la tuya. En algún momento también fue la mía. Así que lo que voy a explicar ahora, lo digo por experiencia. Pero en el capítulo 5 explicaré con más detalles esa historia.

Estoy aquí para recordarte que eres y tienes un poder creador sin límites y me gustaría invitarte a que tomes una respiración profunda y conectes con esta verdad que también has olvidado: tu poder creador sin límites, ya te permite ser abundancia y prosperidad sin límites. Me gustaría que recuerdes también que tu mente tiene la capacidad no solo de crear abundancia y prosperidad, sino también de crear todas las realidades maravillosas que quieras ser, hacer y tener.

Sin embargo, si no estás manifestando abundancia y prosperidad en tu vida, y si hay realidades de tu vida que no te gustan y no te hacen sentir plena, es porque desconoces este potencial creador que tienes y las cosas que necesita tu mente para crear en armonía tu vida. También puede que desconozcas lo que tu mente es capaz de crear tanto si estás consciente de las cosas que creas, como si no lo estás. Por eso, te invito a estar muy atenta y alerta a lo que sucede en tu mente, y los sistemas que operan en ella, porque cuando reaccionas en vez de crear, estás utilizando tu poder creador en tu contra.

Si hoy estás en condiciones de vida que no te agradan, es porque posiblemente llevas toda tu vida en modo reacción en vez de modo creación. Así como un celular cuando lo pones en modo avión o en modo activo, tú también puedes escoger estar en modo reacción y reaccionar a las circunstancias que ocurren en tu vida o puedes escoger estar en modo activo/creador, aprender de las circunstancias que ocurren en tu vida y utilizarlas para crear las que deseas. Para lograr estar en modo creador, solo tienes que entender algunas cosas importantes sobre la mente.

Primero, que no eres solo tu mente, eres un ser hecho de espíritu al que le fue dada una mente. Una mente que puedes aprender a controlar para que esté a tu disposición. Tu cerebro es algo así como una lámpara mágica de Aladino, de la cual sale un genio. El genio es tu mente. Tú vives con un genio que cumple tus deseos, pero tú no eres el genio. Tienes que aprender a distinguir cuándo es el genio o cuándo eres tú quien está tomando el control de tu vida. Cuando reaccionas a las circunstancias de tu vida, es el genio quien tiene el control, y literalmente así es, dejas que el genio –o la mente– te controle a ti, a tus reacciones y acciones. Cuando permites que la mente te controle a ti y a tus acciones, empiezas a crear realidades que no van a la par con lo que tu verdadero ser o espíritu quieren.

Mientras más reacciones, más sigues actuando y creando realidades que tu ser no quiere. Sin darte cuenta terminas en un remolino de realidades que no tienen nada que ver con tus verdaderos deseos y es aquí cuando de pronto te empiezas a sentir angustiada y ahogada queriendo saber cómo salir. Algo así como depresión, ansiedad y estrés. Esto pasa porque no has comprendido la segunda cosa más importante que tienes que saber sobre tu modo reacción/acción.

La reacción o actitud que tomes hoy determinará la realidad que crearás mañana. Si en estos momentos de tu vida sientes desarmonía, es porque en el pasado has estado en modo reacción dejando que el genio domine tus actitudes. Cuando reconoces que no eres el genio y que las actitudes de hoy determinan tu mañana, entonces despiertas y tomas el timón de tu vida. Comienza hoy a tomar acciones y actitudes que vayan cambiando la realidad en la que estás para poder crear la realidad en la de verdad quieres estar. Es aquí cuando pones al genio a trabajar para ti.

Es importante que entiendas que el genio no puede existir sin ti. El genio necesita de tu cuerpo y de tu espíritu para existir, pues tú eres su alojamiento. Necesita de tu energía vital para nutrirse. Algo así como la conexión eléctrica o la batería de un celular. Esta energía vital o batería que nutre tanto a tu templo como a tu genio es también la que mueve tu energía sexual. El uso consciente de esta energía es lo que determinará en gran medida el poder de tu genio y la vitalidad de tu cuerpo.

Así como el cuerpo físico tiene sus programaciones –necesidades– para poder crear salud física, y el cuerpo emocional tiene programaciones a seguir para crear amor incondicional, el cuerpo mental también tiene necesidades o se nutre. Se nutre de la tranquilidad y las palabras, para poder crear. La esencia natural de la mente es la tranquilidad y la forma en que se nutre es con palabras. Digamos que, para poner al genio de la lámpara a trabajar a tu favor, debes proporcionarle un ambiente tranquilo, hablarle bonito y llenarlo de conocimiento. Hablarle bonito significa, decirle cosas que lo hagan sentir bien. Un ambiente tranquilo es aquel en el que puede descansar o meditar para quete preste atención cuando tú lo necesites, y llenarlo de conocimiento significa llenarlo de todo el conocimiento necesario para que cuando tú no tengas el control, él pueda actuar en automático y crear a tu favor. Llenarlo de conocimiento significa proveerle constantemente nueva información como te enseñare más adelante.

Pero, el ambiente tranquilo no es solo para el beneficio de la mente o el genio, sino para que en esa tranquilidad aprendas a distinguir cuándo habla el genio y cuándo habla tu ser. Sucede igual con las palabras bonitas, ya que como te hablas a ti y a los demás, le hablas a tu genio. Digamos que el genio o la mente solo procesa palabras en todas sus manifestaciones (escuchadas, leídas, afirmadas, cantadas o en imágenes), pero no distingue si son para él, para ti o para otra persona. El genio simplemente come palabras y es un gordo glotón que se alimenta de toda palabra que encuentre, sea para él, para ti o para otros. Así que cualquier palabra que te digas a ti misma o a los demás, el genio la recibirá como comando de creación, a menos que tú le adviertas lo contrario.

Quiero que entiendas con este hecho el poder que tienen las palabras y todas sus manifestaciones, en tu vida y la realidad que estás creando hoy. La palabra es frecuencia, es poder creativo y tiene el potencial de que el genio trabaje a tu favor o en tu contra. La palabra también tiene el potencial de ayudarte a comunicarte con tu genio. Cuando te comunicas correctamente con tu genio -sabes pedirle correctamente- le das descanso y lo nutres con palabras bonitas y conocimiento, él hará un trabajo maravilloso ayudándote a manifestar las cosas que quieres.

Quiero decirte un secreto. El genio —tu mente— es el mensajero entre tú y la Energía Universal Creadora. Cuando tu genio y tu espíritu lleno de puro amor trabajan al unísono, el proceso de comunicación con la energía Creadora está completo y no hay manera de que falle la manifestación. La ley de manifestación nunca falla, quien falla eres tú cuando no te conectas con tu ser o espíritu a través de tu intuición, no te comunicas bien con tu genio mensajero, dejas que tu genio tome el control, o no le ofreces a tu genio la tranquilidad, el descanso o el conocimiento correcto.

1. ¿Qué necesita tu cuerpo mental o genio para manifestar abundancia o cualquier cosa que desees ser, hacer o tener?

1.1. Tranquilidad

1.2. Palabras de armonía en todas sus manifestaciones

1.3 Uso consciente de la energía sexual.

2. ¿Qué cosas bloquean la manifestación de la abundancia en tu vida?

2.1 Poca energía vital:

2.1.1. Un cuerpo enfermo o en desequilibrio

2.1.2 Mal uso de la energía vital (sexual).

2.2 Mente intranquila: estrés y agotamiento mental, poco descanso, insomnio, exceso de distracciones.

2.3 Toda manifestación de la palabra que vaya en contra de la abundancia y lo que te hayas creído o con lo que te hayan programado: maldiciones, programas, creencias, afirmaciones, votos, promesas, contratos, percepciones, juicios de valor.

2.4 Bloqueos en el dar y recibir provocados por las insatisfacciones anteriores.

2.5 Desconocimiento del poder creador de la mente.

2.6 Intoxicación del cuerpo mental debido a todos los factores anteriores y su acumulación a través del tiempo.

No quiero cerrar este capítulo sin que hayas recordado y reconocido tu esencia natural holística. Por si no lo sabías y, como has notado aquí, no eres solo un cuerpo físico. Eres un ser de luz y espíritu, conectada al alma universal, al que le fue dado un cuerpo físico para poder estar en este plano terrenal y al cual le fue dada una mente que puede comunicarse con la energía creadora y obtener el potencial creador. Al reconocimiento de estas tres esencias que eres le llamamos holismo. Al campo de sanación de estas tres esencias en conjunto, le llamamos medicina o salud holística.

La salud holística comprende una serie de técnicas y procedimientos para ayudarte a armonizar tus tres esencias y llevarte a ese estado de armonía en donde las tres están alineadas y bailando al mismo ritmo. El desequilibrio de una de las tres afectará a las demás y así sucesivamente. Es imposible desligarse de ellas o apagar una y prender otra, sin que te empieces a sentirte desequilibrada. Tu esencia natural son las tres y las tres tienen un estado natural de perfecto equilibrio. Al reconocimiento de las tres, al reconocimiento de sus estados naturales y al estilo de vida para llevarlas y mantenerlas en equilibrio yo le he llamado Naturismo Holístico. A través del Naturismo Holístico, he unido la sabiduría ancestral naturista, la medicina y estilo de vida naturista para la armonía tanto del cuerpo físico como emocional y mental.

El naturismo como práctica de salud natural tiene una base holística, pero se ha venido enfocando en explicar y apoyar la regeneración del cuerpo, sin abundar mucho en las prácticas o técnicas para evaluar y regenerar también el ser y la mente.

Una visión realmente Hipocrática

Hipócrates, considerado el padre de la medicina para su época, cinco siglos antes de Cristo decía "La naturaleza de todas las enfermedades es la misma. Solamente difieren por su localización" (Vasey, 2008). Veinticinco años más tarde, Alexis Carrel, ganador del premio Nobel de la Medicina en 1912, declaraba "El cuerpo se pone enfermo todo entero. Ninguna enfermedad se confina estrictamente a un solo órgano". (Vasey, 2008)Siguiendo esta pauta, la medicina naturista parte de la premisa de que la enfermedad, considerada un desequilibrio, aparece cuando el organismo *está sobrecargado de residuos y tiene carencias. A nivel de*l cuerpo físico, se considera la sobrecarga como la presencia de sustancias tóxicas tanto internas como externas como el ácido úrico, la úrea, el tabaco, alcohol, café, plomo, mercurio, colorantes, aditivos y conservantes químicos, pesticidas, etc., debido a la exposición o a la pobre eliminación. La carencia del cuerpo físico considera a la falta de sustancias vitales como agua, oxígeno, proteínas, lípidos, vitaminas, minerales, oligoelementos, debido a la pobre alimentación o desconocimiento.

La medicina natural habla de naturaleza mediadora o fuerza vital del organismo. Hipócrates decía que "la fuerza vital del organismo es la fuerza de cohesión y de acción más poderosa de todo lo que existe, sin embargo es invisible para el ojo; solo la razón puede concebirla"(Hippocrates, 1817). En el estado de salud, la fuerza vital organiza, orquesta y armoniza todas las funciones orgánicas. Trabaja constantemente para mantener al organismo en el equilibrio de la salud perfecta. Por ejemplo, en caso de heridas, ella es la que dirige las reparaciones de los tejidos, mediante la cicatrización. Cuando el cuerpo se ve amenazado por toxinas o agentes externos como virus y bacterias, la fuerza vital alerta a todo el organismo y pone en marcha el sistema de defensa. La fuerza vital actúa para restablecer la pureza del terreno, neutralizando las toxinas y agentes externos, para finalmente eliminarlos de forma exterior. Estas expulsiones son las enfermedades.

La naturaleza eliminadora de las enfermedades ya fue proclamada por Hipócrates: "Todas las enfermedades se curan por medio de alguna evacuación, o por la boca o por el ano o por la vejiga o por algún órgano eliminatorio"(Hippocrates, 1817). Identifiquemos aquí el papel de la piel y su rol eliminador a través del sudor que genera una fiebre. En el libro *El Pequeño Libro de la Medicina Natural*, Christopher Vassey cita que en el 1924 el Dr. Paul Carton, considerado el Hipócrates del siglo XX declaraba:

> En realidad, la enfermedad no es más que la traducción de un trabajo interior de neutralización y limpieza toxica que realiza el organismo con un objetivo de conservación y de renovación, la enfermedad expresa un esfuerzo de purificación y de preservación y no un trabajo de destrucción de la salud.(Vasey, 2008).

El organismo es capaz de actuar por si solo para su curación, encerrando en sí mismo, gracias a la fuerza vital, la capacidad de auto curación. De modo que, es posible que te conviertas en tu propia medicina ayudando al cuerpo a curarse así mismo.

Yo he llevado esta interpretación a otros niveles para darle forma a mi concepto del Naturismo Holístico que te presento por primera vez en este libro. A nivel emocional considero como sobrecarga a las emociones tóxicas, tanto que generamos con nuestras percepciones como las que adquirimos al pasar por experiencias que las generan. Y considero la carencia emocional como la falta de amor y todas las emociones nutritivas que alimentan la esencia del corazón. De este modo enferma nuestro campo emocional o energético. Por último, considero que la sobrecarga a nivel mental es la exposición de la mente a programaciones limitantes que generan pensamientos y actitudes que intoxican la mente impidiendo su potencial. Mientras que, la carencia a nivel mental es la falta de conocimiento, sobre la verdad e información que nutre y desarrolla el potencial de la mente creadora.

De este modo, con el Naturismo Holístico propongo, que así como se regenera el terreno limpiando, nutriendo y regresando a ritmo natural de la esencia del cuerpo, también se sana y regenera el alma y la mente, limpiando, nutriendo y regresando a la esencia natural tanto del corazón puro y de la mente empoderada por el conocimiento.

La naturaleza, nuestra mejor maestra, nos enseña estas pautas, pues ella también cumple en su esencia con esta capacidad de regeneración. Además, la naturaleza nos entrega con su presencia, los recursos que necesitamos para activar la fuerza vital.

Como mujer, compartes mucha similitud con las energías de la Madre Tierra y los ciclos regeneradores particulares de ella. Las filosofías orientales tradicionales describen la profunda interacción entre la energía de la Tierra y la fuerte conexión entre la energía femenina y la atracción natural de la Tierra. Entender que la naturaleza de la mujer, con sus flujos y reflujos, es positiva y poderosa, nos da la oportunidad de sanar y vivir de forma equilibrada y sana. La fuerza vital de auto regeneración tanto de la salud, como de la vida misma puede ser activada por ti misma.

Los próximos capítulos serán un viaje más en detalle, hacia el reconocimiento, la sanación y el equilibrio de tus tres estados: físico, emocional, mental y sus tres esencias: salud, amor, creación. También te hablaré de la sabiduría ancestral y mis vivencias, reconociendo que han sido esenciales para entender y no perder la armonía de mis esencias. Además, te compartiré cosas que aprendí a hacer en el camino, cuando viví la pérdida de mi armonía y cómo la recuperé y la mantengo.

Este primer capítulo ha sido una breve guía para recordar lo que eres, y reconocerte siempre que alguna circunstancia te haga sentir perdida y dentro del arquetipo de la guerrera. Los siguientes capítulos serán para entender en más detalle, cómo debes cuidar de tu naturaleza holística para rescatar tu cuerpo, corazón y mente de la diosa que hay en ti.

Antes de continuar, te invito a despertar y reconocer tu esencia natural de salud, amor y abundancia. Te invito a mirarte como un ser creador a imagen y semejanza de la Energía Universal Creadora. Te invito a hacer un alto en tu rutina diaria para salirte por un momento de la escena que vives hoy, y como espectadora de una película, mirar lo que has construido para tu vida hasta ahora. ¿Qué has creado y manifestado en tu vida física? ¿Qué has creado y manifestado en tu vida emocional? ¿Qué has creado y manifestado en tu ambiente? ¿Cómo te hace sentir eso que has creado? ¿Cómo estás reaccionando a esa creación? ¿Estás reaccionando o estas creando? Es momento de autoanalizar tu vida y empezar a cambiar todo lo que no te guste, es momento de regenerar tu cuerpo y despertar a la diosa naturista en ti. Te invito a ser una Mujer Naturista® y unirte a mi tribu.

REGENERA TU CUERPO, DESPIERTA LA DIOSA EN TI

CAPÍTULO 2

Reconociendo tu naturaleza cíclica

"El ciclo del agua y el ciclo de la vida, son uno".

- Anónimo

El poder de tu ciclo menstrual

Es posible que te encuentres con situaciones en las que, por no conocer a una persona, consciente o inconscientemente la rechazas. ¿Qué pasaría si te digo que, si vienes rechazando lo que ves frente a tu espejo, es porque realmente no te conoces? Eso me pasó a mí, con mi cuerpo, pero también con el hecho de ser mujer. Entender la maravilla de ser mujer me costó algún tiempo, por eso hubo una época en la que no me aceptaba. Creía que ser mujer era lo peor que me podría haber pasado. De pequeña, rechazaba ser mujer y me daba rabia haber nacido niña en este mundo. Crecer en un hogar y una cultura dominicana machista fue un factor determinante en esta creencia, pues veía cómo a lo largo de la historia humana, cultural y de mi familia, ser mujer era sinónimo de debilidad, sometimiento, poco poder, escasez, maltrato emocional y silencio.

Escuchaba cuentos de cómo mis abuelos trataban a mis abuelas de una forma muy cruel y violenta para su época, y cómo era muy normal que el hombre sin consentimiento mutuo tuviera varias mujeres, cosa que siempre vi como un acto de irrespeto hacia la mujer. Pero yo, en mi ilusión, ansiaba ser todo lo contrario a una mujer débil, sometida y maltratada. Yo quería ser fuerte, libre, poderosa, abundante y tener voz. Yo sabía que era posible ser tratada con amor y sobre todo con respeto, muy diferente a lo que vivieron mis abuelas, algunas tías e incluso mi madre.

Al criarme con un padre con programación machista, por mucho tiempo permanecí en el miedo y esto mantuvo activado a mi modo guerrera gran parte de mi vida. Aunque mi estilo nunca fue ser rebelde, ni con mis padres ni con el mundo, toda la rabia de la injusticia que sentía, me la tragué por mucho tiempo. Siempre honré a mi padre y respeté sus reglas, aunque no estuviera de acuerdo con muchas de ellas. Pero por dentro se quemaba mi ser al obligarme a aceptar cosas que me parecían injustas y con las que no estaba de acuerdo, como, por ejemplo, la infidelidad hacia mi madre.

Reconocer y aceptar mi cuerpo, su esencia, el ciclo femenino y su potencial ha sido uno de mis retos en este camino de existencia. A pesar de tener una madre coqueta y femenina, de adolescente nunca me sentí tan femenina. De hecho, por mucho tiempo rechacé a mi madre y ser como ella. Sin darme cuenta de lo que ese rechazo implicaría en mi crecimiento como mujer. En mi adolescencia no me gustaban los vestidos. Nunca fui fanática del uso del maquillaje, me gustaba usar camisas holgadas para esconder mis senos y pantalones anchos para esconder mis glúteos. Prefería usar tenis antes que zapatos altos. Recuerdo que mi mamá me obligada a ponerme vestidos para las fiestas navideñas, y eso me dañaba el disfrute de la celebración.

La llegada de mi primera menstruación fue todo un episodio frustrante. Recuerdo que lo que percibí de mis padres ese día, fue más bien preocupación de que ya fuera oficialmente mujer. Lloré de mucha rabia con mi cuerpo, cuando mi periodo menstrual me impidió no poder disfrutar de un día de piscina a mis 13 años.

Aunque ya sabes que usar tacones y maquillaje no necesariamente te definen como más femenina, esa es la programación de esta sociedad sobre lo que es ser femenino. Y como esto es lo que conocemos como femenino, las mujeres despiertas que rechazan esta programación también terminan rechazando su feminidad de forma inconsciente, teniendo consecuencias emocionales y físicas.

Con todos estos actos de negar lo que la sociedad me presentaba como femenino, inconscientemente yo negaba mi cuerpo y aspecto femenino, de esta forma también negaba mi potencial como mujer. Sin darme cuenta, con mis actitudes y en mi callada furia, seguía negando mi feminidad hasta que empecé a desarrollar actitudes más masculinas en algunas áreas de mi vida. Por ejemplo, maté mi lado artístico y creativo por mucho tiempo. También mis ganas de ser bailarina y mis anhelos de ser madre pasaron a un segundo plano, para enfocarme en estudiar y desarrollar una carrera profesional en el área de negocios.

Esta es la trampa en la que, por no conocerse y rechazar nuestros verdaderos anhelos, caemos muchas mujeres. Yo le llamo el síndrome de Mulán. No sé si recuerdas, esa película de Disney, pero resulta que Mulán, tuvo que esconder su "chi", y dejar de ser ella misma, incluso esconder su aspecto femenino, para poder mostrar su poder y propósito en un tiempo y sociedad que no aceptaba el potencial de una mujer. De hecho, Mulán se presenta como una guerrera, cuando en realidad tiene poderes sanadores y de bruja poderosa.

Erróneamente pensamos que tenemos que ser y actuar como el hombre para poder ser alguien en la sociedad y empezamos a ir en contra de nuestra naturaleza femenina que es artística, creativa, intuitiva, paciente, amorosa. Cuando vamos en contra de nuestra feminidad, tendremos consecuencias en nuestro cuerpo de diosa, pues no se puede ir en contra de nuestra naturaleza sin consecuencias. De hecho, al final, Mulán, tuvo que aceptar quien era, para poder vivir su poder y cumplir su propósito.

Para el enfoque terapéutico de la biodescodificación, la mayoría de los problemas con la menstruación que padecen muchas mujeres está relacionado a un conflicto de rechazo consciente o inconsciente a su aspecto femenino. Esto ocurre especialmente con el dolor menstrual cuando no tiene razón física alguna. Con mucha certeza puedo decir que he sido ejemplo de esto y que lo veo constantemente en mis pacientes féminas con problemas ginecológicos. Los conflictos emocionales asociados a las relaciones, la feminidad y la sexualidad reprimida o rechazada son la raíz de los padecimientos ginecológicos de la mujer. Conflictos que se crean por la programación mental y la actitud reactiva o de sumisión que debe tomar la mujer al ir en contra de su naturaleza femenina y sexual en esta sociedad.

Yo siempre supe muy dentro de mí que algo no estaba bien en la sociedad. Yo me sabía capaz y con el mismo valor de un hombre, tampoco quería ser hombre para poder ser valiosa y capaz. Desconocernos nos lleva por el camino de tomar roles y actitudes que nos separan de nuestra energía femenina. Pero, tranquila, al final no es cuestión de roles, sino de energías y cómo se expresan. La mujer es sabiduría, mientras que el hombre es fuerza. Y sí, tú puedes por elección querer ser hombre e involucrarte en roles de más fuerza y razón, los cuales son la expresión de la energía masculina. Tú también tienes esa capacidad, pero si no sabes hacer un equilibrio, terminarás yendo en contra de tu naturaleza física y energética y eso te traerá consecuencias que debes asumir.

Lo que me ayudó a tener un equilibrio y a cambiar esta percepción de la mujer como débil fue reconocer el valor y poder que hay detrás de ser mujer y tener un cuerpo femenino. Aspecto que la sociedad no nos enseña abiertamente, ya que se nos ha presentado a la mujer como el sexo débil y como una minoría.

Te has preguntado alguna vez, ¿por qué a las mujeres les han impedido reconocer su valor y poder en esta sociedad? Porque realmente ser mujer y tener un cuerpo de mujer te hace poderosa. El poder que traes gracias a tu cuerpo de mujer es una amenaza, no para los hombres, sino para el poder que ejercen los que dominan esta sociedad.

Quienes realmente dominan este sistema, conocen el valor, el rol de la sabiduría y el cuerpo de la mujer en la evolución de la humanidad. Ellos también conocen el poder de la unión entre el hombre y la mujer. Entre las energías masculina y femenina, que son la base de toda creación manifestada aquí en la Tierra. La misión del poder es separarnos, porque la unión en amor y consciencia de ambas energías y ambos cuerpos es poder, y mientras más desunión, más poder y más control ellos tienen. Así que lo que han venido haciendo es separar al hombre y la mujer. Primero al desconectarlos del conocimiento de quiénes son y su valor, y luego con la creación de conceptos como el machismo donde a los roles y capacidades del hombre se les ha puesto una valía por encima del de la mujer por muchos siglos. Concepto que vienen de falsos dogmas religiosos en donde se venera a un Dios que es masculino. En el principio de los tiempos, realmente no era así.

Para la sabiduría ancestral proveniente de las primeras razas de seres humanos en el planeta tierra los "Khamitic", quienes eran de raza negra y principalmente se acentuaron en lo que conocemos como el antiguo Egipto, no había separación entre lo masculino y femenino. Los Khamiticos creían que dentro del reino celestial la presencia de lo Divino se refleja en la adoración equilibrada de la Madre/Padre Creador, donde ambos aspectos en Uno reciben el mismo respeto. Los khamiticos vivían la filosofía de la armonía, y tenían respeto, reverencia y honor por la Madre/Padre Creadores y su manifestación divina en el hombre y la mujer y en toda la Naturaleza. Esta es nuestra verdadera herencia espiritual.

Las religiones recientes donde se venera solo al padre fueron creadas por el hombre y cumplen la misión de separarnos. Sin la creación de conceptos religiosos que fomentaron el machismo, no hubiera la necesidad de crear conceptos como el feminismo. Aunque el feminismo aparenta promover la igualdad entre hombre y mujer, en mi opinión su propia definición es exclusiva. Si promoviera la igualdad no se debiera llamar "feminismo", creo que sigue siendo un concepto separatista. Y muchas mujeres lo confunden o promueven de forma incorrecta. En lo personal creo que machismo, feminismo, y todos los nuevos conceptos con respecto a la identidad de género, son conceptos que tienden a confundir a muchos, alejándoles de su verdadera esencia. Todo lo que vaya en contra de las leyes naturales es involución y eventualmente tendrá una consecuencia física, energética y social.

Desde la perspectiva espiritual que se enseña en la escuela de Terapia de Respuesta Espiritual, como seres humanos con potencial espiritual creador, todos somos creadores de la vida que venimos a experimentar en este plano terrestre. Antes de encarnar, creamos y escogemos el sexo con el cual venimos a experimentar la vida. Partiendo de la misma premisa que utilizamos para crear nuestro destino, esto último para mí tiene mucho sentido. Como seres espirituales con potencial divino y creador, todo lo escogemos y creamos.

Sin embargo, lo olvidamos al nacer y empezamos a construirnos según las programaciones de este sistema. Lo que viste en la televisión cuando pequeña, posiblemente te haya programado. Absolutamente todo lo que has venido queriendo ser, posiblemente lo has aprendido a través de alguna programación. Lo que sí te aseguro es que en esta vida escogiste ser mujer y viniste a experimentar la vida desde un cuerpo y aspecto femenino por alguna razón. Eso tiene un propósito y es que cada mujer, con su cuerpo cíclico y sabiduría de la esencia femenina, aporta sanación, equilibrio al planeta y al desarrollo de la evolución humana. Tu cuerpo es una herramienta sanadora, si lo conoces, lo amas y lo sabes tratar.

Al escoger ser mujer en esta vida, escogiste el avatar más mágico y poderoso, pero también el más retador en términos de funcionamiento. Retador en buen sentido, pues solo hay que entender cómo trabaja, cuál es su función, su naturaleza y cómo usarlo. Tu cuerpo fue creado para ser el vehículo creador y dador de vida en todos los sentidos. Ese simple hecho debe ser suficiente para llenarte de valía, dignidad y poder. Aunque tus anhelos no sean traer vida al mundo, eres el ser con el potencial más grande de crear cualquier cosa. Para conocerte mejor, debes saber que eres cíclica como la Tierra y que con tu energía femenina representas la energía sanadora, proveedora, nutritiva y abundante de la misma Madre Tierra. Tu ciclo menstrual es una micro representación de la misma ciclicidad de la Tierra.

El ciclo menstrual es el cambio natural y regular que ocurre en el sistema reproductor femenino haciendo posible un embarazo. El ciclo es requerido para la producción de los ovocitos y la preparación del útero para el embarazo. Para la comunidad médica convencional el ciclo menstrual tiene dos fases, la folicular y la lútea, marcadas por la menstruación y la ovulación. De modo que, la mujer realmente experimenta hormonal y químicamente cuatro cambios, haciendo del ciclo un compuesto de cuatro fases: menstruación, fase folicular, ovulación y fase lútea.

Cada mes, tu cuerpo físico y emocional experimentan cuatro fases muy marcadas, que son la base de tu fertilidad tanto para crear vida, como para sanar vidas o darle vida a ideas que cambien el mundo para bien. Conocer y entender tu ciclo menstrual te empodera. Mientras más te conozcas, más poder tendrás sobre tus emociones y mejor podrás tratar a tu cuerpo para mantenerlo sano. Y mejor uso podrás dar a tu energía sexual creadora.

Te invito a este recorrido por las fases de tu ciclo menstrual, tanto desde su aspecto físico como emocional. También a reconocer cómo tu naturaleza emocional fluctúa a través de los elementos que representan cada fase. Pues, verás que tu sistema reproductor y tu ciclo menstrual también es un recorrido por los cuatro elementos, así como la Madre Tierra tiene cuatro estaciones. Estos elementos están presentes en todo lo que está vivo. En el sistema femenino, el útero es la tierra, los ovarios son el fuego, las trompas son el agua y la parte externa, la vulva es el aire. Y tú experimentas una fluctuación por cada elemento todos los meses.

Tu Vientre, Tu Centro de Poder

Todo lo que te voy a contar aquí sobre tu vientre, viene de la sabiduría que he adquirido, leyendo a nativos ancestrales como los chamanes de Sur América, y los Khemeticos de África. Sorprendentemente tienen mucha sabiduría en común.

El útero es la puerta de entrada a la vida humana. Cuando el útero es honrado y respetado, se convierte en un canal de poder, creatividad y belleza. Cuando su voz pasa desapercibida, sin respuesta o negada, el útero se convierte en un recipiente de enfermedad. El estado colectivo del útero de la mujer refleja la condición del planeta. Cuando el útero de tantas mujeres sufre de infecciones, quistes, frigidez y sangrado menstrual abundante o cuando tantas mujeres experimentan actos sexualmente agresivos e histerectomías innecesarias, la falta de armonía cubre a la Tierra.

El útero registra todos los eventos de nuestras vidas. El vientre con su forma de vasija, registra todas las interacciones y reacciones que vivimos con nuestras relaciones. Ella siente nuestro recelo y recibe todo el amor. Las energías que recibe el útero corresponden al segundo chakra, que representa los aspectos de procreación, inspiración, creación y familia. El útero o vientre está gobernado por la Luna y, por lo tanto, las mareas oceánicas, que representan el elemento agua, que afecta tan profundamente nuestras mareas emocionales.

La condición del útero de la mujer también refleja directamente la condición de la mente, el espíritu y las acciones de la mujer.

El útero es un almacén de todas nuestras emociones. Recoge todos los sentimientos, buenos o malos. Hoy hemos alcanzado colectivamente un estado de "poder materno negativo", por el desconocimiento de la esencia de nuestro vientre. El amor y el cuidado que la mujer le da a su útero refleja su verdadero nivel de salud emocional, espiritual, física y mental. Desafortunadamente, muchas mujeres en el mundo actual experimentan alguna forma de degeneración del útero que resulta en enfermedades. Yo fui una, lo verás más adelante y por eso te muestro en este libro como sané.

Según un estudio estadístico médico/social los latinos constituyen un segmento de la población que está experimentando altas tasas de enfermedades de transmisión sexual (ETS), maternidad en adolescentes y embarazos no deseados, cuestiones de gran interés social (Selma Caal, 2012). Otros datos de este mismo reporte indican que:

- Las mujeres latinas adultas jóvenes tienen tasas más altas de infecciones de transmisión sexual y embarazos no deseados que las mujeres blancas adultas jóvenes. Por ejemplo, en 2010: La tasa de infecciones por clamidia entre las latinas de 20 a 24 años fue de 2.714,4 por 100.000, frente a 1.357,9 por 100.000 para las mujeres blancas de 20-24 años.

- La tasa de infecciones por gonorrea entre las latinas de 20 a 24 años fue de 237,2 por 100.000, frente a 156,7 por 100.000 para sus blancas contrapartes.

- Alrededor del 30 por ciento de las latinas darán a luz a los 20 años, en comparación con 14 por ciento de mujeres blancas no latinas.

- Las mujeres latinas solteras de 20 a 29 años tienen una tasa de embarazo de más del doble que la de las no latinas mujeres blancas solteras de la misma edad, y esta tasa continuó aumentando entre 2001 y 2008.

En un reporte de la Sociedad Americana del Cáncer para el 2018, se comparó las estadísticas de cáncer entre los hispanos con otros grupos raciales. Resultando que, en comparación con los blancos no hispanos, los hispanos tienen tasas más bajas de cáncer siendo más común en seno, colon, pulmón y próstata, pero tasas más altas de cáncer relacionado a infecciones como cervical, hígado, estómago y vesícula (American Cancer Society, 2020).

Evaluando estas estadísticas, la mayoría de las mujeres latinas tiene problemas uterinos. La condición de nuestros úteros, cuentan la historia. Estamos colectivamente en problemas, dice la voz de nuestros vientres y debemos tomar acción. Te invito a empezar contigo. Para la medicina convencional la solución más común a los problemas uterinos son los procesos invasivos como la histerectomía (remoción del sistema reproductor). Quizás haya alternativas que valgan la pena explorar en lugar de simplemente aceptar la histerectomía como la única opción. Existe un enfoque no violento para el bienestar del útero y el cuerpo. Se trata de ser consciente de que el cuerpo posee sabiduría para sanar y de utilizar terapias naturales y hábitos de vida saludables que honren todo tu ser.

A medida que las mujeres curamos y transformamos nuestros úteros, cambiaremos nuestro destino y el destino de nuestro planeta. Cuando nuestros úteros sean regenerados a través de la transformación constante e implacable de nuestra salud, nuestros pensamientos y nuestros corazones, entonces y solo entonces resucitará el destino de la Tierra.

Conoce tu anatomía

Los órganos genitales de las mujeres se dividen en:

- Órganos genitales internos: ovarios, trompas de Falopio, útero, vagina.

-Órganos genitales externos (vulva): monte de Venus, labios mayores, labios menores, clítoris, vestíbulo vulvar.

Los ovarios constituyen las gónadas femeninas. Son los órganos que se encargan de producir los gametos femeninos (óvulos) y de producir y secretar hormonas sexuales femeninas (estrógenos y progesterona). Los ovarios son dos órganos glandulares conforma ovoide. Se sitúan en la cavidad pélvica, a ambos lados del útero. Tienen el tamaño aproximadamente de una almendra. Están formados de epitelio que los rodea, corteza (donde están los folículos) y médula (formada de fibras elásticas, nervios y vasos sanguíneos). La corteza está compuesta de folículos en distintas fases de desarrollo. Cuando un folículo madura se aproxima a la periferia y libera un óvulo. Una vez producida la ovulación se forma el cuerpo lúteo o cuerpo amarillo, lugar donde se producen estrógenos y progesterona. Si no se produce el embarazo, el cuerpo lúteo se descompone y aparece el sangrado menstrual.

Los ovarios son los centros de creatividad de la mujer. De algún modo, nuestras creaciones parten de ellos, son los órganos encargados de encender la llama de la creación y poner a la mujer en marcha de forma creativa para ser artista de la propia vida. La creatividad no se refiere tan solo en lo manual y lo plástico, es un concepto que va más allá, se refiere a ser creativas con la vida misma, a tomar las riendas y hacer de la vida, nuestras relaciones, trabajo, etc., un acto creativo constante.

Patologías como quistes en los ovarios y el síndrome de ovarios poliquísticos tienen una raíz tanto física como emocional. El desarrollo de problemas ováricos como el síndrome de ovarios poliquísticos a nivel físico se ha asociado a factores que roban a sus ovarios la energía, como desnutrición, desequilibrios con la tiroides, resistencia a la insulina, fatiga adrenal y la exposición a químicos disruptores hormonales. A nivel bioemocional, las patologías ováricas están asociadas a la dificultad creativa, ya sea por insatisfacción o por ambición excesiva. El síndrome de ovarios poliquísticos incluye la creencia de que la creatividad femenina no es válida, de ahí todos los síntomas causados por el exceso de hormonas masculinas.

Por su parte, las trompas uterinas, también llamadas oviductos o trompas de Falopio, son dos conductos que comunican cada ovario con el extremo superior del útero. Tiene aproximadamente 12 cm de longitud. En la ovulación, las trompas de Falopio reciben el óvulo y lo conducen hasta el útero; también permiten el ascenso de los espermatozoides. Estos conductos son el lugar donde se produce la fertilización. Dentro, hay un revestimiento de mucosa y pliegues donde se encuentran unas vellosidades, los cilios, que por movimiento y contracción muscular mueven el óvulo hasta el útero.

El útero recibe también el nombre de matriz. Es un órgano hueco que se sitúa detrás de la vejiga urinaria y delante del recto. Tiene forma de cono invertido. Su extremo superior está conectado a las trompas uterinas por medio de dos orificios y el extremo inferior se conecta con la vagina por medio de un tercer orificio. Mide entre 7-8 cm y sus paredes miden entre 1-2 cm de grosor. Pesa unos 60-70 g. El útero está formado por dos zonas, el cuerpo y el cuello o cérvix. El cuerpo es la parte más ancha y se conecta con las trompas. El cuello desemboca en la vagina.

El útero está formado por tres capas:

-**Perimetrio:** Capa serosa formada por tejido conectivo por la que fluyen vasos sanguíneos y linfáticos.

-**Miometrio:** Formada de musculatura lisa muy desarrollada. Su fuerza contráctil hace posible la salida del feto en el parto. Esta capa es muy elástica, de hecho, alberga el feto durante el periodo de gestación.

-Endometrio: Capa mucosa que presenta cambios cíclicos mensuales por efecto de los estrógenos. Es el lugar donde se desarrolla el feto.

El útero es el lugar donde todas las expresiones creativas se gestan, maduran y toman forma antes de ser presentadas a una misma y al exterior. De la misma manera que los humanos nos gestamos en el útero de nuestra madre, las creaciones también se gestan en el útero de cada mujer. Constituye el centro de poder, el lugar de gestación de la propia imagen, del "yo". Todas las patologías uterinas están ligadas a un conflicto con el poder materno asociado a la gestación, con la pérdida de valoración propia, o la capacidad e incapacidad de dar a luz a la expresión creativa.

Patologías a nivel del útero como la endometriosis y fibromas también tienen una raíz física y bioemocional. A nivel físico, las patologías uterinas están relacionadas al tejido uterino. Para la comunidad médica aún no está clara la causa de la endometriosis, sin embargo, en la medicina natural entendemos que el daño a los tejidos, como en este caso el tejido del endometrio y la aparición de fibromas, son consecuencias de inflamación, la mucosidad excesiva o la alteración de la función celular del tejido debido a la presencia de homotoxinas. A nivel bioemocional la endometriosis es la frustración o decepción con una misma por no seguir el impulso creador de vida, falta de amor propio y de autorrealización. El fibroma supone lo mismo, pero en mayor grado; hay un conflicto de nido, la mujer se siente vacía, con falta de embarazo.

La vagina es el órgano copulador de la mujer. Se extiende desde el conducto uterino hasta la vulva. Posee una longitud media de entre 6-7 cm, aunque hay vaginas largas, entre 12 y 24 cm y cortas, de 4 a 5 cm. El diámetro suele ser de unos 3 cm, aunque las paredes son extensibles y muy elásticas. Las funciones principales de la vagina son recibir el pene en la copulación y permitir el paso del feto en el alumbramiento. El orificio de entrada se llama introito. En este orificio se encuentra una membrana fina y elástica que cubre la entrada de la vagina y se rompe durante el primer coito, recibe el nombre de himen. En ocasiones el himen se rompe con anterioridad por actividades deportivas o impactos en el área. En la vagina está el punto G, una zona muy sensible y pequeña con muchas terminaciones nerviosas, está situado en la pared frontal, a 5 cm del introito.

Las patologías vaginales en su mayoría tienen que ver con una infección. Una infección vaginal supone la colonización de la mucosa vaginal por parte de microorganismos y reciben el nombre de vulvovaginitis. En el libro de *medicina natural 40 lecciones* del Dr. Eduardo Alfonso, este cita que, el Dr. Berdonces describe las infecciones vaginales como "catarros vaginales"(HERNÁN, 2015). La infección de cualquiera de los patógenos causantes de vulvovaginitis (cándida, clamidia, tricomonas), viene originado por la alteración del pH natural ácido de la vagina (4.5) y un desequilibrio de la flora vaginal. Hay diferentes factores que favorecen la aparición de una infección vaginal. Muchas mujeres padecen vulvovaginitis a menudo ya que algunos de estos factores son muy constantes en su vida.

Los principales factores de riesgo son las relaciones sexuales sin protección, alimentación desequilibrada, toma de antibióticos, prácticas higiénicas inadecuadas, uso de tampones y ropa apretada. Cabe señalar, que lo que predispone al contagio del patógeno externo es la condición debilitada del terrero. Cuando el sistema inmune se ve comprometido por los factores que además desequilibran el PH vaginal, entonces, es cuando la mujer se torna vulnerable a adquirir la enfermedad o infección.

En las infecciones vaginales están implicados vulva, vagina y cuello del útero. Los tres están relacionados con la capacidad de establecer límites sanos con el exterior. En el caso de la vulva es la parte más vulnerable del cuerpo anatómico de la mujer. De este modo, las vulvovaginitis están directamente relacionadas con la gestión de las relaciones íntimas y la capacidad de decisión de la mujer acerca de cuándo "abrir o cerrar su entrada sagrada".

Estas infecciones suelen aparecer en las mujeres cuando se ven incapacitadas para tomar una decisión respecto a relaciones de pareja, cuando no tienen claridad respecto a dejar la relación o seguir en ella. Esto lo podemos aplicar sobre todo en la candidiasis, que son generadas por el propio organismo (que cierra la entrada frente la inseguridad). En caso de que las infecciones hayan sido contraídas por contacto sexual como el herpes o el virus del papiloma humano, estarán implicados los sentimientos de culpabilidad y suciedad, la persona siente el acto sexual como un acto pecaminoso, se siente mal por sentir placer a través del coito y por ello se castiga con la infección (concepto cristiano en el subconsciente colectivo de acto indebido y castigo). Tiene que ver también con sentirse sucia y culpable por el gozo y disfrute sexual.

Otro tema son los límites. La mujer carga con un condicionamiento social de no expresar, callar y aguantar en lugar de confrontar. No exponer un límite sano, no hablar y no comunicarse por miedo a no ser aceptada y comprendida implica padecer vulvovaginitis.

Otro órgano importante es el monte de Venus. El monte de Venus es una prominencia de tejido adiposo que se sitúa en la sínfisis púbica. Posee glándulas sudoríparas y sebáceas. En la pubertad se cubre de vello. Su función principal es proteger los órganos femeninos.

Los labios mayores son pliegues cutáneos, compuestos de glándulas sudoríparas, su estructura cutánea es bastante parecida a la del resto del cuerpo. Nacen en el monte de Venus y terminan en el perineo. El perineo es el suelo pélvico, va desde el ano a los labios mayores. Los labios mayores tienen su superficie externa rugosa y cubierta de vello púbico, su parte interna no tiene vello. Tienen como función proteger a los labios menores, el clítoris, el vestíbulo vulvar y el meato uretral.

Los labios menores, como su nombre lo indica, son de menor tamaño que los labios mayores y más próximos al orificio vaginal externo. No tienen vello púbico ni glándulas sudoríparas. Están provistos de terminaciones nerviosas así que son más sensibles que los externos, situados anteriormente al clítoris y posteriormente al periné. Los bordes laterales están adheridos y los mediales son libres y limitan con el vestíbulo vulvar. En su extremo anterior, la piel externa se une formando el prepucio del clítoris. Su función principal es proteger al clítoris y la vagina de agentes externos.

El clítoris está situado en la parte anterior del vestíbulo vulvar. Es el homólogo del pene. Está parcialmente cubierto por los labios menores. El clítoris es un órgano muy sensible que proporciona placer sexual y es un órgano eréctil. Está compuesto por glande, cuerpo y raíz. La única zona visible es el glande que está en la parte superior de los labios menores.

Este órgano se ha convertido en objeto de estudios relacionados con la explicación fisiológica para el placer y su posible relación con la función reproductiva, tema de debates que involucran cuestiones de salud y análisis sociológicos. La función del clítoris es darle placer sexual a la mujer, siendo el único órgano del cuerpo que cumple este papel. Tiene el poder de intensificar el orgasmo femenino, pues posee más de 8 mil terminaciones nerviosas muy sensibles, el doble del pene, haciendo que se alcance el orgasmo mucho más rápido.

El vestíbulo vulvar se encuentra entre los labios menores y el orificio de entrada a la vagina (introito). Es la parte que queda visible cuando retiramos los labios. En el vestíbulo vulvar hay seis orificios: meato, introito, dos glándulas de Skene y dos glándulas de Bartholin. El meato u orificio uretral permite el paso de la orina al exterior del organismo, a ambos lados del meato se encuentran las glándulas de Skene que segregan líquido que es expulsado con el orgasmo femenino. El introito es el orificio que permite la penetración en el acto sexual. Las glándulas de

Bartholin segregan una sustancia mucosa que lubrica el vestíbulo facilitando la penetración.

Estos órganos internos definidos anteriormente facilitan el proceso de la menstruación. Ese sangrado mensual, llamado también menorragia, regla o periodo, es la primera fase del ciclo menstrual. Comenzando el día 1, con la aparición del sangrado abundante que necesita de protección. Hormonalmente los estrógenos y la progesterona llegan a su punto más bajo, provocando el sangrado.

La duración de la menstruación puede variar en cada mujer, y lo normal es entre 2 a 7 días. La sangre menstrual es una mezcla de sangre y tejido uterino. Su ritmo normal se debe a que el óvulo no fecundado se elimina del organismo junto con el tejido endometrial que se preparó para la gestación. Esa mezcla de tejido endometrial es la que compone la sangre menstrual que fluye desde el útero, pasando por el cérvix y la vagina, para finalmente eliminarse a través del orificio vaginal. La cantidad de sangre eliminada durante la menstruación es diferente en cada mujer, y lo normal suele ser de 125 ml hasta 350 ml en los casos más abundantes. La sangre menstrual difícilmente se coagula debido a la presencia de inhibidores de la coagulación.

Durante esta etapa el útero disminuye su espesor provocando que se desprenda el endometrio y causando así el sangrado menstrual. Sin embargo, los ovarios están empezando a trabajar con la selección primaria del folículo que liberará al siguiente óvulo en el próximo mes. Así que tu cuerpo está realizando varios trabajos simultáneamente. Hormonalmente es cuando el hipotálamo segrega de forma pulsátil la hormona GnRH (hormona liberadora de gonadotropina), la cual estimula a la pituitaria a liberar la hormona FSH (hormona folículo estimulante). La FSH viaja a través de la sangre hacia los ovarios, y es la que estimula la selección y maduración de los folículos que contienen los óvulos que empezarán a madurar para el próximo ciclo. Todo esto ocurre de forma simultánea mientras tu útero empieza el sangrado.

Menstruación

Miranda Gray en su libro *Luna Roja* presenta las fases del ciclo menstrual desde un aspecto emocional y con arquetipos. Según describe, la menstruación es la etapa emocionalmente reflexiva, donde es más probable que experimentes una menor resistencia física y más disminuida capacidad mental (Gray, 1994). En esta etapa, generalmente experimentas una bajada del nivel de actividad y acción, así como también una demanda de descanso y horas de sueño por parte del cuerpo. Es posible que se te olviden las cosas, los detalles, estés menos alerta hacia las situaciones cotidianas y que se te haga más difícil todo lo que sea práctico, analítico y que suponga un horario o esfuerzo físico y mental, como trabajar o estudiar. Tus energías se mueven más hacia el lado creativo, intuitivo y a la agudeza de tu intuición y tu percepción. Experimentas una necesidad de alejarte del mundo y de entrar en introspección y reconexión contigo misma. Puede que los sueños en esta etapa se agudicen, que aparezcan visiones muy claras de nuevas perspectivas y la posibilidad de cambio y renovación. Supone también la posibilidad de analizar y reconsiderar las cosas como las has venido haciendo.

En esta fase es posible que sientas la necesidad de limpiar, hacer cambios, pensar en realizar las cosas de otro modo. Curiosamente está demostrado que muchas mujeres los días previos a la menstruación limpian la casa o hacen limpieza de ropa en el armario y se desprenden de lo que ya no usan. Y efectivamente, tu cuerpo está liberando parte de ti que ya no necesita. La sangre eliminada lleva en su constitución lo que en esencia has venido creando durante el ciclo, tanto física como emocionalmente, pero que ya no te funciona.

Con la llegada de la menstruación comienza el ciclo que nos conecta con el interior y con la Tierra. Si logras honrar esta fase haciendo pausas, tomando el descanso necesario, y analizando qué cosas debes aprovechar para soltar cada mes, te será posible conectarte más con el arquetipo de la Mujer Tierra. Esta fase le pertenece a tu fluir por el elemento Tierra. La Mujer Tierra que corresponde a la fase reflexiva, donde la Tierra representa la mujer sabia que contiene en sí misma toda la sabiduría almacenada a lo largo de su vida, conectada con la intuición y el saber ancestral profundo. Así como la Tierra se renueva y se limpia con la lluvia, con el sangrado, la Mujer Tierra suelta lo que ya no necesita y se renueva. Simbolizando así la limpieza y preparación de un nuevo ciclo, nuevo nacimiento y la capacidad de desprenderse de lo que ya no le conviene. La Mujer Tierra está más conectada a la energía de la luna nueva y a la estación del invierno. La luna nueva y la época de invierno corresponden con la energía de reposo, reserva y resguardo, donde la semilla está en el interior de la tierra dentro del caparazón. Es recomendable detenerte a reflexionar sobre qué aspectos de ti debes dejar ir con tu menstruación, y qué cosas dejarás germinar como semillas nuevas, para poder renovarte y empezar un nuevo ciclo.

Cuando no te das la oportunidad de tomar pausas, conectar con tu intuición y eliminar lo que no necesitas o no te conviene en tu vida, entonces manifiestas en esta fase, la dualidad negativa de la Mujer Tierra. Es donde experimentas emociones como frustración, depresión, angustia y tristezas sin razón. También es posible que te vuelvas víctima de todo y de todos, y te autocritiques en vez de autoanalizarte para crecer. Cuando la Mujer Tierra experimenta estas emociones podría sentirse similar a cuando en la Tierra ocurren terremotos. Un terremoto puede interpretarse como esa energía acumulada y estancada que sale abruptamente a derrumbarlo todo para que se construya lo nuevo. No tienes que experimentar grandes terremotos si cada mes te das la oportunidad de liberar las energías y renacer.

Fase folicular o Preovulación

Durante esta fase, que empieza desde la desaparición del sangrado y termina días antes de ovular, hormonalmente los estrógenos empiezan a subir paulatinamente, provocando un engrosamiento de las paredes del útero y el crecimiento del endometrio. El útero se empieza a preparar para recibir un posible óvulo fecundado. En esta fase folicular hay un aumento de la hormona (FSH) que estimula el crecimiento de los folículos en los ovarios. En estos días, un solo folículo alcanzará su madurez, llamado folículo de Graaf. Este folículo formará el óvulo elegido para la creación de este mes. A su vez el estrógeno también estimula el cuello del útero para que produzca un moco cervical fértil que facilite el paso de los espermatozoides. La fase folicular dura hasta aproximadamente el día 13 del ciclo, aunque puede variar en cada mujer. En esta etapa el útero se empieza a engrosar nuevamente. Los ovarios empiezan a trabajar con la selección final del folículo que liberará el próximo óvulo en la siguiente fase ovulatoria. La estimulación de los folículos secreta estrógenos que a su vez también estimulan al hipotálamo a secretar la hormona LH (leutenizante).

La fase folicular es la etapa emocionalmente dinámica donde poco a poco te sales de la introspección y reflexión interna para abrirte más hacia el compartir exterior. En esta fase experimentarás una gran cantidad de energía física y mental. Es buen momento para las actividades que requieran esfuerzo, ya sea a nivel físico, o mental como el ejercicio activo, el estudio, el análisis y la concentración. Es posible que experimentes mucha energía y capacidad de seguir una disciplina y estructura acompañada de fuerza interna y determinación. La mayoría de las mujeres en estos días se suelen sentir expansivas y muy independientes. En esta fase se encuentra exaltada la capacidad para empezar nuevos planes y proyectos. Se experimenta mucha fuerza de voluntad y la capacidad mental para ejecutar las cosas. Incluso hacer muchas cosas a la vez. Es cuando posiblemente empieces a darle forma a todo lo que reflexionaste en la fase anterior para luego expresarlas al mundo.

La llegada de esta fase representa tu fluir por el elemento Aire. La Mujer Aire, que corresponde a la fase dinámica, hace representación de la mujer con ligereza, confianza y facilidad

REGENERA TU CUERPO, DESPIERTA LA DIOSA EN TI

para lograr las cosas. La Mujer Aire está más conectada con la energía de la luna creciente y la época de primavera, que corresponden con la energía del florecimiento, el crecimiento, la apertura y expresión hacia el exterior. Es recomendable darte la oportunidad de expresarte a través de tus talentos y gustos. Aprovechar para expresar, ejecutar ideas y proyectos de forma organizada y planificada.

Si no logras darles forma a tus ideas, no te organizas y no logras expresar tu independencia puede que te sientas acorralada o te exijas demasiado haciendo muchas tareas a la vez. Es así como entonces manifiestas la dualidad negativa de la Mujer Aire. La cual puede llegar a ser cortante, hiriente y fría al expresarse y comunicar sus ideas. Puedes llegar a abrumarte con el exceso de tareas y también puedes sentir la necesidad de alimentar tu ego con el reconocimiento o aprobación de los que están a tu alrededor. Cuando la Mujer Aire experimenta estas emociones, puede ser similar a cuando el aire se convierte en fuertes vientos creadores de remolinos, tormentas o huracanes. Una tormenta puede interpretarse como esa energía de viento acumulado y estancado que sale a expresarse abruptamente como un torbellino, moviendo todo de lugar. No tienes porqué experimentar desastrosos torbellinos si cada mes te das la oportunidad de expresarte y organizarte.

Fase Ovulatoria

Terminando la fase folicular, comienza la fase de la ovulación. Fisiológicamente la ovulación empieza cuando el folículo (folículo de Graaf) maduro libera sustancias que a su vez promueven la secreción de la hormona LH (hormona leuteinizante) por parte de la hipófisis (pituitaria). Cuando la hormona LH llega a su pico, provoca entonces que el óvulo se libere. Este pico dura unas 36-48 horas. Hormonalmente, antes de la subida, de LH, los ovarios también empiezan a producir más progesterona. La progesterona comienza a hacer su función de preparar el revestimiento del útero para la implantación. Con la ovulación, el óvulo maduro abandona los ovarios y se dirige a las trompas de Falopio por donde empieza su viaje hacia el útero, este viaje dura alrededor de 3-4 días, correspondiendo aproximadamente del día 14 al 20 del ciclo menstrual. En el trayecto, si el óvulo se encuentra con un espermatozoide se produce la fecundación y el óvulo pasa a ser una nueva célula llamada cigoto. Cuando el ciclo menstrual se considera como regular, la ovulación se produce en el día 14 del ciclo, pero esto puede variar en cada mujer. Si el óvulo no se fecunda durante su viaje por las trompas de Falopio y el útero, entonces se desarrolla el folículo de Graaf, el cual descompone el óvulo y forma el cuerpo lúteo en la próxima fase.

Según Miranda Gray, la fase ovulatoria es la etapa emocionalmente expresiva y corresponde al arquetipo de la madre o amante. En esta fase es más probable que estés al máximo en tus habilidades de comunicación y empatía con los demás. Sentirás que tu expresión emocional está muy presente en esta fase. De hecho, cuando la mujer está ovulando está muy en contacto con sus emociones y sus sentimientos más nobles. Sentirás muchas ganas de actividad, encuentros sociales y de intimar con tu pareja. En esta tendrás más inclinación a poner los intereses de los demás antes que los tuyos. También sentirás que tienes más libido, siendo muy natural, ya que la mujer está en un periodo fértil y busca compartir sexual e íntimamente de forma instintiva. El nivel de energía física aún sigue siendo muy bueno, pero cuando pasa el pico ovulatorio la energía va menguando poco a poco. Es una fase donde sentirás ganas de expresar tus emociones y de mostrarte tal cual eres. Se exalta la necesidad de compartir, ayudar, cuidar y mostrar empatía con los demás. Pero, también puede expresarse la mujer amante que es coqueta, sensual y juguetona.

La llegada de esta fase representa tu fluir por el elemento Fuego. La Mujer Fuego corresponde a la fase expresiva, donde el fuego hace representación de la mujer con pasión, amor y seguridad. La Mujer Fuego está más conectada con la energía de la luna llena y la época de verano, que a su vez corresponden con la energía de la abundancia y la apertura hacia lo que nos rodea. Es un tiempo de dar hacia afuera y también de recibir. La Mujer Fuego es la que goza tanto de sus relaciones como de su sexualidad. Se muestra empática con los demás y se siente enriquecida al estar en contacto con otras personas.

Si durante esta etapa, no logras expresar tus emociones, o sientes vacíos con el hecho de amar o ser amada tanto a nivel de pareja como de madre y familia, entonces te manifestarás en la dualidad negativa de la Mujer Fuego. La cual puede llegar a ser demasiado dadivosa. Aquella queda, pero no sabe recibir y que se preocupa cuando no puede resolver los problemas de los demás. La dualidad negativa de la Mujer Fuego también puede llevar la sexualidad a límites no sanos tratando de expresar amor en el impulso carnal o ante la incapacidad de poner límites saludables. Todas estas acciones provocan que tu llama o luz se apaguen. Cuando la Mujer Fuego experimenta estas emociones de sexualidad o relaciones sin límites sanos, entonces toma el riesgo de que su energía se agote; como cuando el fuego se agota o la luz de una vela se apaga. No tienes porqué experimentar la pérdida de tu fuego o energía si manejas la empatía y el amor desde los límites saludables.

Fase lútea o premenstrual

Después de la liberación del óvulo en la fase anterior, el folículo de Graaf (folículo maduro de donde salió el ovulo) se convierte en el cuerpo lúteo. El cuerpo lúteo está formado de estrógeno, grandes cantidades de progesterona y colesterol. La progesterona ayuda al engrosamiento del endometrio y facilita la implantación del óvulo fecundado en el útero. En caso de embarazo, el cuerpo lúteo crece hasta el comienzo del tercer mes de gestación, manteniendo su función de producción hormonal y posteriormente desaparece. En caso de que no haya habido fecundación, el cuerpo lúteo se descompone dos semanas después de la ovulación al mismo tiempo que los valores de progesterona descienden y el endometrio se desprende iniciando un nuevo ciclo.

En esta fase, tu útero permanece engrosado hasta dos semanas después de ovular para luego descomponerse, pero si hay fecundación se empieza a crear la placenta. Desde el punto de vista hormonal, el cuerpo lúteo producirá más estrógenos, pero también progesterona, apoyando a la preparación del endometrio para la gestación. Estos estrógenos inhiben la liberación de FSH y LH a nivel de la pituitaria pues ya no se necesitan en caso de gestación. Si no hubo fecundación, la desintegración del cuerpo lúteo vuelve y estimula la producción de FSH y LH a nivel de la pituitaria, haciendo que el ciclo empiece de nuevo. Esta fase se manifiesta entre los días 21 al 28 de un ciclo menstrual considerado regular, pero puede variar según la mujer. Lo importante es conocer que esta fase termina cuando aparece el sangrado.

La fase premenstrual es emocionalmente la fase creativa y corresponde al arquetipo de la hechicera, según el modelo de Miranda Gray. Se caracteriza por la máxima expresión creativa y la originalidad, tanto a nivel mental como creativo y emocional. En esta fase es posible que sientas un impulso de hacer cosas de forma creativa, pero a nivel físico la energía y la resistencia disminuyen. La actividad mental y la emocional comenzarán a ser intensas. Sentirás un movimiento natural y una demanda interna a estar sola y aprovechar esta energía para crear. Empiezas a ser selectiva con relacionarte ya que aflora la sensibilidad. La sensibilidad y la vulnerabilidad salen a flote. Empezarás a estar más sensible e intolerante con tu exterior. Sentirás que la intuición empieza a despertar y que los sueños comienzan a ser reveladores.

Con todo lo explicado se entiende que la fase premenstrual sea difícil de llevar para algunas mujeres y es que hay que hacer un "ahorro" energético y balancear entre emociones-creaciones y la vida diaria ya que la energía está baja a nivel físico y mental, pero la sociedad en la que vivimos pide acción en todo momento y no acepta la bajada de energía tan brusca que se da en el cuerpo de mujer. Tu intuición se acrecienta y surge. Es posible que sientas la necesidad de utilizar la fuerza interna creativa, en lugar de las reservas físicas y mentales. Esta fase pide estar más en contacto contigo misma que con el exterior. Empezarán a surgir momentos de reflexión y autoanálisis que pueden crear bruma, indecisión o confusión. Verás que no es buen momento de tomar decisiones, solo fluir.

La llegada de esta fase representa tu fluir por el elemento Agua. La Mujer Agua corresponde a la fase creativa, donde el agua representa la sensibilidad y la melancolía. La Mujer Agua está más conectada con la energía de la luna menguante y la época de otoño, que prepara el camino para el silencioso letargo del invierno. Mientras que, la luna menguante prepara el camino para el resguardo de la luna llena. La Mujer Agua es la mujer que siente sus emociones de forma muy intensa y la necesidad de expresarlas internamente, consigo misma o a través de alguna expresión artística, pero no con el exterior como sucede en la fase expresiva. Sus creaciones son el fruto de lo aprendido a lo largo del mes. En la manifestación de la Mujer Agua se canaliza toda la energía que necesita ser transformada y reciclada antes de que llegue la menstruación. Sentirás ganas de bailar sola, de escribir, de reflexionar sobre la vida. Es el momento donde se abren muchas heridas para poder sanar y limpiarlas con la menstruación.

Si durante esta etapa no logras autoanalizar tus emociones y canalizarlas a través de tu expresión o dones artísticos, es muy probable que entres en la dualidad negativa de la Mujer Agua. La cual puede llegar a ahogarte en tus propias emociones intensas y mal manejadas, llegando a estados coléricos y lunáticos. Puedes también perderte en un estado emocional característico de la depresión, en donde te sientes muy vulnerable a los vicios, con los que se trata de buscar alivio emocional. Cuando la Mujer Agua experimenta estas emociones de cólera, ansiedad o depresión es como si la gota llena el vaso de agua y se desborda. El desbordamiento de emociones muy intensas y mal manejadas puede drenar tu energía vital. No tienes porqué experimentar el desbordamiento emocional o los límites de las emociones si aprendes y practicas el autocontrol.

Como mujer, tu poder para crear vida o darle vida a todo lo que desees, depende de tu naturaleza cíclica. Tienes cada mes la oportunidad de morir y renacer de nuevo si así, conscientemente lo haces y te lo permites. Para el hombre es más difícil hacer esto, ya que es más lineal y sus ciclos no son tan repetitivos. Por eso, y por su capacidad sexual es más fácil para la mujer crecer y elevarse espiritualmente. Entonces, siendo mujer no hay límites externos para tu evolución personal, sino los límites que te pones tú misma al no conocerte.

Cuando yo recibí parte de la información que acabo de resumirte sobre las cuatro fases del ciclo menstrual, los arquetipos y el toque naturista que le di con las mujeres elementos, fue un gran alivio para mí. Al fin pude entender los cambios físicos y emocionales que comprenden mi ciclo. Fue muy crucial tener que compartir esta información a más mujeres, que en algún punto de su vida como mujer se habrán sentido perdidas e incomprendidas, por no entender y saber manejar su ciclicidad. Cuando conoces tu naturaleza cíclica, entiendes que jamás fuiste "loca o colérica", sino que los cambios de humor que experimentas mensualmente tienen una base fisiológica hormonal que también repercute en tu estado emocional.

Esta información te empodera, pues mientras más conoces tu naturaleza física y emocional, mejor puedes autoanalizarte, autocontrolarte y automotivarte. Así es como he llevado y aplicado mis conocimientos en inteligencia emocional al campo de la feminidad y empoderamiento de la mujer. No solo para que conozcas tu cuerpo, sino también tu aspecto mental, emocional y espiritual, con la misión de que desde el amor y la compasión te aceptes, y entonces así puedas utilizar el potencial creador a tu favor, para regenerar tu cuerpo y tu vida.

Los trastornos relacionados al ciclo menstrual como la menorragia (periodos abundantes), dismenorrea (dolor menstrual), reglas irregulares y el Síndrome Premenstrual, también tienen una raíz fisiológica y bioemocional. Los mismos deben ser atendidos si ocurren consecutivamente por 3 meses o más. En el caso del dolor menstrual o dismenorrea la causa principal parece ser un índice muy elevado de prostaglandinas inflamatorias en el útero.

Las prostaglandinas se encargan de provocar la fuerza de contracción para expulsar la menstruación del organismo. Cuando la tasa de prostaglandinas es muy elevada, la fuerza de contracción del útero para expulsar la sangre menstrual es mayor de lo normal, provocando dolor y calambres. Hay otros factores a tener en cuenta como sobrepeso, la falta de ejercicio físico que favorece la congestión pelviana, tabaco y una alimentación desequilibrada rica en excitantes como el café, alcohol, azúcar y refinados, lácteos y carnes que favorecen una tasa elevada de prostaglandinas en el revestimiento de la matriz.

Las infecciones pélvicas como la cistitis o apendicitis también pueden causar dolor menstrual, aunque será más puntual y desaparece con la patología que la originó. En algunas pocas ocasiones es anatómico y viene causado por tener el útero retrovertido inclinado contra el recto; representa un porcentaje muy bajo de los casos.

Tu naturaleza ancestral

El ciclo menstrual es lo más básico, terrenal y primitivo que acontece en el cuerpo femenino. Como hemos visto hasta ahora, es un ciclo de cuatro fases que conecta a la mujer con los ciclos de la tierra, la luna y la sabiduría cíclica del propio organismo. Cada mes se produce una nueva ovulación y sangrado que pide también una renovación y liberación emocional. Las hormonas varían sus niveles, tal y como ellas fluyen también debería fluir la emocionalidad de la mujer. Es la naturaleza muerte-renacimiento.

La mujer puede encontrarse con dificultades para gestionar y aceptar emociones negativas o bien con una incapacidad transitoria o permanente para "cerrar puertas" y seguir avanzando. Cuando esto pasa, hay una dificultad para fluir con la energía cíclica propia de la mujer y en consecuencia se generan trastornos del ciclo de cualquier tipo. Finalmente, esto se traduce con una falta y pérdida de identidad femenina, una negación a la realidad de ser mujer. Si observamos a nivel general, la mujer que tiene alteraciones menstruales no disfruta de su ciclo, se queja cuando tiene la regla y declara abiertamente que no le gusta tenerla, para ella no es fácil integrar la realidad cíclica femenina en un mundo lineal en el cual las variaciones no están siempre aceptadas.

A nivel bioemocional, las patologías relacionadas con el ciclo menstrual están relacionadas a un rechazo a lo femenino. Para el *Diccionario Bioemocional* de Joan Marc Vilanova, el conflicto detrás de la dismenorrea primaria (dolor menstrual primario), es el rechazo a la feminidad, también la noción de culpa por la sexualidad genital sucia o por la misma feminidad y el rechazo consciente o inconsciente a la feminidad por miedo a ser rechazada en la sociedad.

Cuando somos niñas tenemos una naturaleza lineal donde predomina la energía de la mujer aire o doncella, de naturaleza energética, audaz y alegre. Durante la adolescencia, al madurar nuestro sistema reproductor, pasa a una naturaleza cíclica donde transita cada mes por las cuatro mujeres elementos como has visto en este capítulo. Al llegar la menopausia, entonces, regresas a una naturaleza dual, donde predominan las energías de la Mujer Tierra y la Mujer Fuego. Aunque haya cesado el sangrado menstrual, con la menopausia, la mujer experimenta sus cambios a nivel energético, sobre todo si está muy conectada con su cuerpo y si acepta el proceso de la menopausia desde el amor y sabiduría que conlleva esta etapa del ciclo de ser mujer.

¿Qué energías estás aceptando y expresando?

¿Sabías que, como mujer, tienes energía masculina y femenina? Como seres humanos, estamos constituidos con aspectos biológicos y energéticos. Como aspecto biológico, los humanos somos conocidos como hembra y macho u hombre y mujer. Como aspecto energético tenemos las energías masculina y femenina. Aunque anatómicamente eres mujer, a nivel energético no eres solamente masculino o femenino, eres una mezcla de ambos. Incluso siendo mujer, podrías tener o expresar más energía masculina, dado que vivimos en una sociedad muy "masculinizada". El problema es cuando no aceptamos, rechazamos o no sabemos equilibrar las energías, especialmente la que va con nuestro sexo biológico.

Primero, es necesario tomar conciencia de los aspectos masculinos y femeninos que estás expresando. ¿Puedes identificar si tienes más energía masculina o femenina? ¿Conoces la diferencia entre estas dos energías?

¿Qué es la energía femenina?

La energía femenina es:

Receptiva, suave, fluida, permisiva, nutritiva, sensual, empática, flexible, emocional y expresada a través del reino sutil.

¿Qué es la energía masculina?

La energía masculina es:

Enfocada, orientada a objetivos, estable, fuerte, estructurada, lógica, impulsada y expresada a través del ámbito físico.

Para mí el mayor beneficio de aceptar y cuidar mi lado femenino ha sido saber cómo cuidarme emocionalmente. Honrar mis emociones en lugar de negarlas o pensar que son malas o algo que tengo que ocultar, ha sido una habilidad que me ha servido en medio del estrés y las presiones de la vida. Por esa razón, conectarme con los aspectos femeninos dentro de mí ha sido extremadamente sanador y liberador. En pocas palabras, cuando amas y honras tu lado femenino, tendrás una vida más equilibrada y feliz. A esto yo le llamo dominar a la guerrera.

La energía femenina tiene las cualidades de suavidad, receptividad y nutrición. Estas cualidades se basan en la intuición y aprovechan aquellas cosas que no necesariamente se ven a simple vista. Ver más allá de lo que hay y sabe de alguna manera.

La energía femenina es ser. La energía femenina es receptiva. Ser femenino significa ser receptivo. Así como las mujeres somos anatómicamente "las vasijas vacías", la energía femenina se trata de permanecer abierta para recibir; recibir orientación intuitiva, recibir toque, recibir apoyo, recibir sustento, recibir amor. No tener que ir a ningún lado ni hacer nada.

La energía femenina se trata de desacelerar y relajarse, dejarse llevar y permitir que el flujo de la vida siga su curso. Se trata de estar presente y no tanto de dirigir el flujo de eventos como de permitir que se desarrollen. Ir con la corriente es un ejemplo de energía femenina. Pero demasiada energía femenina puede dejarte vulnerable. Sabes que estás mostrando demasiada energía femenina cuando sacrificas tu verdad, incluso, permitiendo que se aprovechen de ti. Por ejemplo, alguien te pide que hagas algo que sabes que no es lo que quieres, pero mantienes la boca cerrada y no dices nada porque no quieres lastimarlo y quieres ser aceptado por los otros.

El establecimiento de límites saludables es una excelente manera de aprovechar la energía masculina. También puedes llamar a establecer límites saludables utilizando tu poder femenino asertivo. Establecer límites saludables no debe darse por sentado. El poder femenino es fuerte pero suave; es ser cariñosa pero firme, evitando ser indecisa.

La energía masculina tiene un enfoque único. Es más físico que sutil. La energía masculina se trata de hacer más que de ser. Es más lógica que intuitiva y emocional; si no puede verlo, entonces no existe. La energía femenina es el recipiente, y el agua dentro del recipiente es lo masculino. Si no tuviera el recipiente, el agua sería un desastre por todo el piso. Así como los hombres son anatómicamente los "exteriores", la energía masculina es una energía que da o una energía que se mueve hacia afuera, penetrando y dirigiendo la energía de cierta manera. Tu energía masculina es tu protectora cuando se usa de manera saludable.

Sabes que estás mostrando demasiada energía masculina cuando controlas demasiado. De una forma u otra, todos estamos controlando. Pero, debemos hacernos cargo de nuestras vidas, y ayudar a los demás de una forma sutil y equilibrada. Si eres autoritaria y tienes impulsos de controlar tu entorno, incluidas las acciones de los demás, estás mostrando demasiada energía masculina. Estás micro gestionando tu vida y no confías en el proceso. No puedes cambiar a otras personas, a la única persona que puedes cambiar es a ti misma. Otro buen ejemplo de mostrar demasiada energía masculina es cuando no puedes reducir la velocidad y relajarte, sientes que debes mantenerte siempre ocupada.

Culturalmente hemos elogiado a la súper mamá o la súper esposa y más recientemente a la súper empresaria. Pensarías que una súper mamá o súper empresaria, es una expresión de abundante energía femenina. Pero, en realidad está expresando demasiada energía masculina. Estas mujeres no conocen el fino arte de reducir la velocidad y cuidarse a sí mismas. Han perdido la conexión con su energía femenina. Su enfoque es externo (masculino) hacia otros miembros de la familia. Por lo general, este tipo de mujeres no se toman el tiempo de reducir la velocidad, ir hacia adentro y aprovechar las energías de autocuidado y exploración del mundo interior. Su atención está tan centrada en los deseos y necesidades de los demás, en las metas y cosas por cumplir de afuera, que les resulta difícil dedicar tiempo a sus propios deseos. Si reducen la velocidad, temen a enfrentarse a sí mismas. Si dejan de hacer, lo que pueden encontrar son sentimientos incómodos como aburrimiento, miedo, ansiedad, preocupación o frustración.

Yo he estado en el lado guerrera de ser súper empresaria y súper profesional, he experimentado el agotamiento físico, mental y emocional debido a esta presión que nos ponemos por querer hacer y tener. Se necesita mucha sabiduría, para reducir la velocidad y estar más en la feminidad. He experimentado la desconexión de mi yo femenino mientras me esforzaba por actualizar lo masculino dentro de mí. Encontrar la relación complementaria entre mi yo interior y exterior ha requerido una profunda exploración consciente durante mi vida y aún sigo trabajando en ello. Y tengo claro que la clave de mi crecimiento como mujer ha estado en buscar e ir integrando dentro de mí a la sacerdotisa espiritual, a la empresaria con ganas de comerse al mundo y a la mujer que disfruta amar y ser amada.

Nuestra cultura nos ha condicionado a huir de sentimientos incómodos. Mantenernos ocupados en lugar de sentir. Al crear un estilo de vida súper ocupado de hacer, hacer y hacer, perdemos la conexión con las propiedades curativas de lo femenino y su estado de ser. Necesitamos un equilibrio entre ambas energías. Cuando trabajan juntas, la energía masculina y femenina te ayudan a crear una vida en armonía. Sabes cuándo avanzar, cuándo dar un paso atrás y cuándo quedarte quieta en situaciones de la vida. Entonces, incluso como mujer, es importante tener energía masculina, pero en equilibrio, no como la sociedad masculinizada y el patriarcado lo imponen. No se trata de ser guerrera, se trata de ser mujer en equilibrio.

Entonces, te hago una invitación a seguir leyendo. Para que además de conocer tu naturaleza energética y cíclica, también conozcas con más detalle la naturaleza biológica de tu cuerpo, que es el tempo de la diosa. Desde este conocimiento podrás empezar con amor a reconocer tu energía femenina y tomar acción para regenerar el cuerpo de la diosa que vive en ti.

CAPÍTULO 3

El cuerpo de la diosa

Tu cuerpo es el templo de tu ser, pero no veas el templo como un edificio. Los templos como te hicieron creer pueden ser destruidos y profanados. Tu cuerpo es un bosque vivo, de gruesas ramas de arce y flores silvestres dulces y perfumadas que brotan en la madera. Volverás a crecer, una y otra vez, no importa lo mal o devastada que estés.

Beau Taplin

Regresando a la esencia natural de tu cuerpo: La salud perfecta

Ya sea que tengas alguna condición de salud crónica o degenerativa, que presentes algún desequilibrio metabólico u hormonal o que no estés conforme con tu peso, tú puedes empezar a regenerar tu cuerpo por ti misma y recuperar el cuerpo de la diosa. Te aclaro que no se trata de hacer dietas, sino de reconocer y tomar consciencia de tu esencia física e ir a favor de esta. Para la medicina naturista, el cuerpo tiene la energía vital y es capaz de sanarse y equilibrarse por sí mismo. La enfermedad, los desequilibrios metabólicos y el sobrepeso son el resultado de que el cuerpo ha perdido la capacidad de equilibrarse debido a que se le ha dado aquello que no puede procesar, ya sea en exceso o a un ritmo más rápido del que puede procesar.

En múltiples ocasiones, tu cuerpo te ha enviado señales de ayuda a través de los síntomas. La inflamación, dolor de cabeza, migrañas, dolor menstrual, catarro, flema, alergias, asma, acidez, reflujo, fatiga, estreñimiento, antojos desmedidos por comida chatarra, insomnio, hipoglicemia, son síntomas que en la medicina naturista son considerados como agudos. Los síntomas agudos son un esfuerzo del cuerpo por eliminar lo que le está robando su energía vital. Pero como a la mayoría, tal vez te han enseñado a ignorarlos, a pensar que es normal o a buscar alivio rápido con un fármaco. Y no es hasta que estos síntomas te impiden continuar con tu rutina normal cuando tomas acción.

Para la medicina naturista, las enfermedades crónicas son un proceso de adaptación. Cuando el cuerpo no puede más con su enemigo, se adapta a vivir con él. Este es el caso de condiciones como la diabetes e hipotiroidismo, enfermedades consideradas crónicas, en donde el sistema crea una resistencia a la insulina, por el exceso de glucosa que ha tenido durante mucho tiempo. Por otro lado, las enfermedades consideradas como degenerativas, como es el caso de la fibromialgia o el lupus también cumplen con la ley de sobrevivencia. Cuando el cuerpo ha perdido la batalla y reconoce que su ambiente no es sutil para sobrevivir, prende el botón a los procesos degenerativos y autoinmunes, en donde se ataca a él mismo en función de prepararse para morir poco a poco.

Entonces, ya sea por desconocimiento o negligencia, caemos en ignorar los síntomas de alerta y el cuerpo en su ley de sobrevivir termina adaptándose a vivir en su estado desequilibrado o inteligentemente entiende que ya no es factible vivir y empieza su degeneración. En ese momento, no es que sea tarde para regenerarte, pero el trabajo que tendrás que hacer es más estricto y conllevará más tiempo. La enfermedad se crea de afuera hacia adentro y la sanación llega de adentro hacia afuera. Entiende que es como una ruta hacia atrás, mientras más haya sido el recorrido en la negligencia y desconocimiento, mayor podrá ser el recorrido hacia la regeneración. Pero, sí es posible teniendo en cuenta que toda enfermedad o estado de desequilibrio es curable, sin embargo, no todas las personas lo son. Recuerda que factores como tu herencia, la genética, la vitalidad innata y la actitud, juegan un papel importante. Ahora bien, estos últimos no son impedimentos, ya que tú tienes la capacidad de hacer el trabajo de ir por encima de cualquier circunstancia física si así te lo propones y aprendes a utilizar tu poder y energía femenina creadora a tu favor.

En mi caso, desde pequeña experimenté síntomas relacionados con mi digestión. De bebé fui intolerante a la lactosa y aunque me alimentaron con leche materna y luego leche de soya, en mi infancia me seguían dando leche de vaca a la cual mi cuerpo se adaptó, pero dando señales de alerta. Señales como diarrea y estreñimiento, disturbios digestivos que mis padres y pues obviamente yo como niña, ignoramos.

Aunque mi mamá fue muy consciente de la alimentación natural, pues al ser dominicana, en mi país se consumían cosas muy sanas y frescas. Sin embargo, entre los 5 a 6 años de mi infancia me tocó vivir entre las harinas refinadas, alimentos fritos y azúcares, viendo y comiendo lo que mi abuela paterna preparaba, ya que mis padres emigraron a Puerto Rico y mi abuela tuvo que cuidarme en aquellos tiempos. Ella vendía frituras, tostadas, empanadas, jugos "naturales" con azúcar añadida. Todo eso me llevó a padecer de estreñimiento y problemas digestivos a mi corta edad.

Muchos de los hábitos de la alimentación fresca dominicana que tenía mi mamá se perdieron. Aunque mi mamá cocinaba en casa, la base de la comida diaria en Puerto Rico eran habichuelas enlatadas, arroz blanco y carne congelada. También empezamos a visitar restaurantes de comida rápida con frecuencia y nunca faltaban en la alacena, el cereal azucarado, las galletas de soda, el pan, el jamón, el salami y el queso amarillo americano.

Recuerdo que por mucho tiempo mi desayuno antes de ir a la escuela era un sándwich de jamón y queso americano, con un vaso de leche con chocolate. El menú del comedor escolar tampoco era lo más saludable. Jamonilla, *"cornedbeef"*, espaguetis enlatados con galletas de soda, leche y frutas enlatadas. De merienda a mí y a mi hermano nos compraban los paquetes de galletas, papitas empacadas y jugos azucarados de marcas para niños. En la escuela elemental, padecía de fuertes dolores de cabeza, nunca me llevaron al médico, pero luego de adulta al adquirir conocimiento reconocí que eran síntomas de desequilibrios con el metabolismo del azúcar, los principios de la resistencia a la insulina, señales que también fueron ignoradas. A la edad de diez años, en Puerto Rico, mi abuela materna tenía un carrito de *hotdogs* y *hamburgers*. Era muy normal para mí, salir de la escuela a comer de lo que sobraba ese día: *hotdogs*, *hamburgers* y refrescos. Las fiestas de cumpleaños eran muy abundantes en comida chatarra y dulces.

Las consecuencias empezaron muy pronto. En mi adolescencia, mis menstruaciones fueron una pesadilla. Los dolores incapacitantes siempre aparecían el primer día, los cuales recuerdo que aliviaba con medicamentos antinflamatorios. Algunas veces la dosis no me hacía nada. Había aprendido a aguantar los dolores, pues mi mamá me decía que era normal y de familia.

Gracias a mi genética y herencia, nunca fui obesa, pero a mis quince años, pesaba unas 150 libras. Lo que era mucho para mi edad y constitución. Libras de más siempre acumuladas en forma de muslos, caderas y grandes glúteos. No recuerdo haber tenido cuerpo de niña. Siempre vivía inflamada, mis secreciones vaginales fuera del periodo eran blancas y amarillentas, mi cabello era muy frágil y seco, mi piel era seca y cuarteada. De forma esporádica, en las piernas me salían empeines, algo así como la manifestación del hongo cándida.

Entrando a mi escuela superior fue cuando una foto hizo despertar mi inconformidad con cómo me veía. No me sentía cómoda mirándome al espejo. Por ahí empezó mi recorrido a hacer dietas extremas y a hacer ejercicios extremos, buscando verme mejor para mi fiesta de graduación. Antes de entrar a cuarto año ya pesaba unas 127 libras, las bajé de un modo no saludable y luego les contaré más adelante cómo y porqué las recuperé nuevamente.

Bueno, concluyendo esta intervención de mí historia, de niña y adolescente nunca experimenté mi cuerpo de diosa. Siempre estuve fuera de mi peso correcto, solía sentirme muy inflamada. Aunque no parezca relevante, un peso fuera de la norma y los desequilibrios digestivos y metabólicos son como crear el terreno perfecto para albergar otros desequilibrios hormonales. Mi cuerpo siempre medio señales de alerta, que por desconocimiento ignoré. El resultado fue, llegar a tener desequilibrios en la tiroides, el cual surge no solo de este estado que ya se estaba formando con mis hábitos de alimentación, sino que explota y se agudiza con otras cosas que contaré más adelante como el estrés y el uso de anticonceptivos hormonales.

No fue hasta mis 26 años, luego de probar la mayoría de las dietas y hacer casi todo tipo de ejercicios, que llegué a entender y experimentar la clave de la regeneración y el mantenimiento del peso, el equilibrio hormonal y metabólico. Conocer sobre naturismo y encontrar una base científica como la cronobiología celular, el cual sustenta las teorías naturistas, ha sido esencial.

Aquí te cuento la clave. Sea cual sea tu condición de salud o peso actual, hay unas herramientas esenciales que no necesariamente tienen que ver con dietas, sino con estilo de vida y alimentación consciente, las cuales son vitales y se deben realizar para rescatar tu cuerpo de diosa.

Recuperando tu cuerpo de diosa

Una de las cosas más importantes que puedes hacer para recuperar tu cuerpo de diosa es regresar al ritmo natural de tu cuerpo. En la naturaleza, todo tiene un ritmo o ciclo, como lo vimos en la explicación de tu ciclo menstrual. Tu cuerpo y tus células también cumplen con un ritmo y ciclos para llevar a cabo sus funciones vitales. Para tu cuerpo existen ritmos anuales, mensuales, pero también diarios. A este último se le conoce como ritmo circadiano.

Los ritmos circadianos son oscilaciones biológicas que se repiten con un período de aproximadamente un día. Son cambios físicos, mentales y de comportamiento que siguen un ciclo de aproximadamente 24 horas y responden principalmente a la luz y la oscuridad en el ambiente de un organismo. Se encuentran en la mayoría de los seres vivos, incluidos los animales, las plantas y muchos microbios diminutos. El ritmo circadiano organiza muchas funciones celulares como la división celular, la migración celular, el metabolismo y numerosos procesos biológicos intracelulares. Se cree que los cambios fisiológicos durante el sueño promueven un microentorno adecuado para las células. Para el naturismo, entender y seguir el ritmo circadiano es vital ya que se considera la base en la regeneración de la salud. Ir a favor de las leyes naturales genera el mantenimiento de la salud, según la medicina naturista.

La ciencia moderna lo ha puesto en evidencia a través de estudios recientes sobre el ritmo circadiano. El Premio Nobel de Fisiología o Medicina del 2017 le fue otorgado a Jeffrey C. Hall, Michael Rosbash y Michael W. Young por sus descubrimientos de mecanismos moleculares que controlan los ritmos circadianos. Utilizando moscas de frutas como modelos, ellos encontraron en sus investigaciones que los ritmos circadianos son impulsados por un gen que funciona como un reloj biológico interno. Este gen anticipa los ciclos día/noche para optimizar la fisiología y el comportamiento de los organismos. Demostraron que este gen codifica una proteína que se acumula en la célula durante la noche, y luego se degrada durante el día. Posteriormente, identificaron componentes proteicos adicionales de esta maquinaria, exponiendo el mecanismo que rige el reloj auto sostenible dentro de la célula. Gracias a esto, ahora se reconoce de forma científica que los relojes biológicos funcionan según los mismos principios en las células de otros organismos multicelulares, incluidos los humanos. Conocer esto, para mí fue maravilloso. No hay nada más gratificante que poder evidenciar con base científica lo que la medicina naturista y hasta los antiguos esenios sanadores venían diciendo por siglos. Sigue el ritmo natural del día y la noche; sigue al sol y a la luna.

La base para la regeneración metabólica y hormonal es recuperar y mantener el ritmo circadiano. En palabras menos técnicas, mantener un ritmo circadiano constante es esencial para la salud general. Los patrones de alimentación y sueño inconsistentes pueden alterar el ritmo circadiano y aumentar el riesgo de padecer una serie de enfermedades. Del mismo modo, no dormir lo suficiente puede afectar tu bienestar físico y mental. Tanto las buenas prácticas de higiene, los buenos hábitos de nutrición y el apoyo de los procesos de regeneración son acciones claves en tu cuerpo, que para llevarse a cabo de forma eficiente, dependen de un estilo de vida que apoye el ritmo circadiano correcto.

La importancia del buen descanso

Dormir menos de seis horas y tener un sueño interrumpido, se considera dormir mal, y se ha asociado con una variedad de problemas de salud. No dormir lo suficiente a corto plazo conduce a la fatiga, deterioro del aprendizaje y la memoria e irritabilidad. Dormir adecuadamente es necesario para una función metabólica e inmune saludable. Privarte constantemente del sueño puede disminuir el sistema inmunitario y hacerte susceptible a enfermedades como el resfriado o la gripe. También puede afectar el comportamiento de tu metabolismo y hormonas al procesar los azúcares y las grasas. Esto último es muy importante para recuperar tu cuerpo de diosa.

El descanso insuficiente a largo plazo puede contribuir a condiciones de salud graves. Por ejemplo, el sueño controla las hormonas del estrés y mantiene el sistema nervioso saludable. No dormir lo suficiente puede afectar la capacidad del cuerpo para regular las hormonas del estrés y conducir a la presión arterial alta. Suficiente calidad del sueño también es crucial para mantener niveles saludables de hormonas que controlan el apetito y los niveles de glucosa en la sangre. Reducir el sueño puede aumentar el riesgo de padecer obesidad y diabetes tipo 2. Dormir mal a largo plazo, puede contribuir con otras afecciones como la depresión, la ansiedad, enfermedades cardiovasculares, y por ende reducir la esperanza de vida.

Para asegurar un metabolismo y sistema hormonal óptimo que te permita recuperar el cuerpo de diosa, debes llegar a tener un sueño REM, de mínimo 6 horas corridas siguiendo el ritmo de la melatonina y el cortisol.

La melatonina se empieza a incrementar a las 8:00 p. m. y su pico es a las 12 de la madrugada. Eso implica que las ocho de la noche es la hora ideal para ir entrando en los primeros ciclos del sueño REM. Las horas que duermas de 8:00 p. m. a 2:00 a. m. serán más eficientes, pues vas a favor de tu producción biológica de melatonina. Es por eso que, en este horario, una hora de sueño dormida, puede representar casi tres horas de descanso reparador.

Se ha comprobado que la melatonina produce un efecto antioxidante y antienvejecimiento, ya que inactiva los radicales libres. Un equipo de investigadores de la Facultad de Medicina de la Universidad de São Paulo en Brasil ha descubierto que la melatonina juega un papel importante en el crecimiento del folículo ovárico. Es decir, que la melatonina está muy involucrada en tu fertilidad y por ende en cómo se comporta tu ciclo menstrual. Pero aquí la clave es llevar a que tu cuerpo la produzca, no que dependas de su suplementación externa.

El sueño se divide en ciclos de 90 minutos de movimiento ocular rápido (REM) y sueño de movimiento ocular no rápido (NREM), que se compone de diferentes etapas. Estos ciclos se repiten durante toda la noche. La mayor parte de tu sueño es sueño NREM y se compone de etapas N1-N3.

- Etapa N1. Esta es una etapa de sueño ligero, entre estar despierta y dormida.

- Etapa N2. El inicio del sueño. Esto es cuando te desconectas de tu entorno y tu temperatura corporal disminuye.

- Etapa N3. Es la etapa de sueño más profunda, cuando el crecimiento y la reparación del tejido ocurren y la energía se restaura. Durante esta etapa se liberan varias hormonas que controlan funciones que van desde el crecimiento y el desarrollo del apetito.

Durante el sueño REM, los ojos se mueven rápidamente hacia adelante y hacia atrás, de ahí el nombre. Esta etapa del sueño es conocida por tener la actividad cerebral más alta. Esto también es cuando sueñas. La REM ocurre por primera vez unos 90 minutos después de dormirse y vuelve a ocurrir cada 90 minutos. En los adultos, esta es una etapa de sueño relativamente corta que se hace más larga después de cada ciclo. El sueño REM apoya la función diurna ayudando a restaurar la energía en el cerebro y el cuerpo. Tu cuerpo se vuelve inmóvil y relajado durante este estado, posiblemente para evitar que actúes tus sueños. El sueño REM mejora el aprendizaje y la memoria, es vital para la salud emocional.

El cortisol es la hormona contraria a la melatonina. El cortisol es liberado por tus adrenales y es quien se encarga de despertar tu cerebro y metabolismo cada mañana. El cortisol empieza a ascender a eso de las 6:00 a. m., teniendo su pico más alto a las 12 del mediodía y comienza a descender a las 6:00 p. m. Aunque es conocida como la hormona del estrés, el cortisol, en horario y cantidad correcta según el ciclo, es vital para muchas funciones metabólicas y endócrinas. Sus implicaciones en el organismo son múltiples y su función principal consiste en incrementar el nivel de azúcar en la sangre y ayudar al metabolismo de grasas, también ayuda a la homeostasis del agua y los electrólitos y a controlar la presión sanguínea.

El cortisol se vuelve un problema cuando se libera en altas cantidades y se mantiene constante debido a altos niveles de estrés crónico. Es aquí cuando empieza a actuar en contra de tu sistema, apoyando la retención de agua, creando inflamación, apoyando la resistencia a la insulina, impidiendo la quema de grasa, suprimiendo el sistema inmune y robando energía necesaria a tus órganos reproductores.

Siguiendo el ritmo de la melatonina, el cortisol y los ciclos de sueños REM y NREM puedes empezar a retomar tu ritmo biológico, siendo recomendable acostarte a dormir y empezar reconciliar el sueño entrando las ocho de la noche. Debes dormir de corrido y sin interrupciones un mínimo de seis horas y un máximo de nueve, y evitar hacer actividades que eleven el cortisol después de las 6:00 p. m. Es por esto que actividades como hacer ejercicios, estudiar y tener alta actividad mental y creativa, incluso tener sexo, es ideal en horarios de la mañana empezando desde las cuatro de la madrugada. Como siempre digo, sigue el ritmo del sol.

No eres solo lo que comes, sino cuándo comes

Ayuno, la fuente de la regeneración y juventud

Como vimos, el cortisol juega un papel muy importante en el metabolismo. No en vano su pico más alto es a las doce del mediodía, cuando también el sol se encuentra en su punto más intenso y cuando fisiológicamente tenemos hambre. Evalúa en estos momentos si al despertar por la mañana tomas café y desayunas porque en realidad tienes hambre o porque ya es una rutina programada. Probablemente es la segunda, y si te levantas con un hambre descomunal, es posible que sea sed, o que tienes algún desequilibrio metabólico con la leptina e insulina. A menos que seas un bebé o infante, tu sistema no te dará señales de hambre cada dos o cuatro horas, ni mucho menos te pedirá desayunar. Tu rutina de desayuno y café cada mañana, fue aprendida.

El ritmo que nuestra sociedad ha adoptado, poco a poco nos ha llevado a tener luz artificial disponible en cualquier momento de este ciclo de 24 horas. Ahora, con ese ritmo nos sentimos hambrientos en cualquier momento y también con acceso a la comida en cualquier momento. Este estilo de vida, sin duda, representa una ruptura crónica de nuestro ritmo circadiano.

En esta parte es necesario hablar de la insulina. Cada vez que comemos se secreta insulina. La insulina es la hormona que se encarga de ser la vía de entrada de la glucosa a las células. Cuando la melatonina es secretada, esta se une a receptores en el páncreas que inhiben la producción de insulina afectando la tolerancia a los carbohidratos. Es decir, que cuando la melatonina está en su apogeo -de 8:00 p. m. a 7:30 a. m. aproximadamente-, no es ideal comer. La respuesta de esta hormona es más alta y más corta cuando el estímulo (comer) ocurre en el día, pero más baja y más lenta cuando el estímulo ocurre en la tarde o noche. Se ha mostrado que la tolerancia a la glucosa va disminuyendo cuando se acerca la hora de dormir, corroborando el hecho de que la regulación de los niveles de glucosa varía a lo largo del ciclo de 24 horas. Somos seres diurnos y actividades como la alimentación, deben ocurrir cuando todavía hay luz.

La presencia o falta de luz juega un papel significativo en las funciones del hígado y el páncreas. A presencia de luz y alimento, el hígado se enfoca en la síntesis de glucógeno, colesterol y sales biliares, funciones vitales en el metabolismo y absorción de nutrientes. A presencia de luz, el páncreas se enfoca en la secreción de insulina, mecanismo que promueve la mejor asimilación y metabolismo de los azúcares. Por otro lado, a falta de luz, el hígado se enfoca en funciones como la gluconeogénesis y la biogénesis mitocondrial, los cuales son funciones más relacionadas a la regeneración. Mientras que, a falta de luz, el páncreas secreta glucagón, mecanismo contrario al uso de la insulina para producir energía, el cual involucra la quema de grasa.

Como ves, tu ritmo circadiano no solo dicta cuándo estás activa o cuándo duermes, sino incluso cuándo comes. Las comodidades modernas, como la iluminación artificial y los bocadillos siempre dentro de tu alcance, pueden perturbar estos ritmos poniendo un estrés evolutivo adicional en tu cuerpo que, en última instancia, afectan tu dieta, tu figura y tu salud. Al menos esta es la teoría presentada en una reciente revisión publicada en *Proceedings of the National Academy of Science* por el Dr. Mark Mattson y otros investigadores. Estos investigadores propusieron que tu salud no se trata solo de lo que comes, sino de cuándo comes. De hecho, tu cuerpo está creado para ayunar, como lo hacían tus humanos ancestros. Informes recientes de comportamiento de alimentación del humano cazador-recolector y la propia investigación etnográfica del Dr. Cordain, conocido por la dieta paleo, pintan el cuadro de un ciclo de alimentación muy diferente al que con la vida moderna llevas hoy en día (Cordain, 2011).

Para su época los cazadores-recolectores solo consumían una sola comida grande al final de la tarde o la noche después de pasar el día cazando y recogiendo poco o ningún alimento. En su época, los cazadores-recolectores tampoco comían constantemente día a día.

Por otro lado, la investigación antropológica aún desacredita la noción del ayuno por falta de evidencia consistente. Sin embargo, una parte de los investigadores mantiene la teoría de la inanición o ayuno intermitente, pues imagina que contrario a nosotros, sin una nevera abastecida y alimentos llenos de conservantes, los humanos cazadores-recolectores probablemente tenían días frecuentes de ingesta de energía severamente reducida, en conclusión, ayunaban.

Investigaciones han empezado a demostrar los beneficios del ayuno o abstinencia, y a romper con el paradigma de comer 6 comidas al día. Realizar incluso tres comidas por día tiene como consecuencia mantener niveles elevados de azúcar e insulina en la sangre, ambos de los cuales han demostrado tener múltiples consecuencias para la salud, incluyendo obesidad, diabetes y una variedad de trastornos metabólicos. Debido a períodos prolongados de ayuno, tanto la alimentación con restricción de tiempo, como la restricción de energía intermitente, mejoran los perfiles metabólicos, incluyendo concentraciones sanguíneas más bajas de azúcar, insulina y leptina, aumento de la sensibilidad a la insulina, mejor movilización de ácidos grasos y cetonas elevadas que pueden promover la salud de las neuronas y proteger contra el cáncer. No en vano también lo dijo Hipócrates: "El ayuno es el mejor remedio, es el médico interior".

De modo que, para recuperar el cuerpo y la salud de diosa, es requerido regresar a la hora de alimentación para la cual fue creado tu cuerpo, no la que el sistema moderno ha propuesto. Lo recomendable es tener una ventana de alimentación de 4 a 8 horas, que vaya a la par con el ritmo de la luz solar, idealmente empezando a las 12 del mediodía cuando el sol de afuera y el metabolismo en tu cuerpo están en su pico. En ese periodo de 4 a 8 horas, lo ideal es ingerir entre 1 a 2 comidas bien saciantes y nutritivas. También es ideal hacer ayunos de solo agua entre días. Por ejemplo, algunos colegas médicos naturistas siempre recomiendan ayunar al menos un día completo de solo agua semanalmente.

Al ayuno la mayoría de las veces se le asocia con una connotación religiosa, debemos romper con ese paradigma, porque la abstinencia de alimentos o ayuno es una condición biológica. En otras épocas se practicaba naturalmente, ahora la debemos hacer conscientemente.

Los 5 elementos para equilibrar tu cuerpo

Si alguien te pregunta acerca de los 4 elementos de la naturaleza, seguro que te es fácil identificarlos: agua, tierra, fuego y aire. No obstante, ¿te habías detenido a identificar que estos cuatro elementos habitan dentro de ti? Así como los elementos constituyen la base de la naturaleza, todo lo que está hecho de naturaleza tiene dentro de sí los cuatros elementos. La presencia de los mismos es tanto a nivel físico, como a nivel más sutil, tal como lo vimos en las fases de tu ciclo menstrual y las mujeres elementos. La mayoría, si no es que todas las medicinas tradicionales en el planeta Tierra, se basan en un equilibrio de los cuatro elementos.

La medicina original y más antigua del planeta fue el chamanismo. Los chamanes estaban muy conectados con la energía sanadora del planeta y sabían que para estar saludables necesitamos tener un equilibrio de los cuatro elementos. Cuando un chamán hacia ceremonias de curación recomendaba hierbas y actividades, buscaba equilibrar los elementos en su paciente. La medicina china y la ayurvédica otra de las más antiguas, también buscan equilibrar los elementos. La medicina moderna no lo hace, ya que no es parte de su sistema de creencias.

Cada elemento es un tipo de gasolina que tú necesitas. Si estás baja o casi vacía de uno o más de los elementos, no te sentirás completamente sana o feliz. Los elementos en equilibrio son necesarios tanto para el cuerpo físico, como para el cuerpo energético. Cuando hay desequilibrios en los elementos, la energía o "chi" no puede viajar con fluidez por el campo energético. Los vórtices de energía o chakras, se bloquean a falta del equilibrio correcto de los elementos en el cuerpo físico.

Agua

En el cuerpo, las sustancias que son líquidas son del elemento agua. Las cualidades líquidas del cuerpo que son del elemento gua incluyen sangre, flema, saliva, linfa, orina, semen u otros líquidos del cuerpo. Los desequilibrios del elemento agua se manifestarían como síntomas de los órganos asociados con él como enfermedad de la sangre, trastornos oculares, enfermedad renal, enfermedad venérea, infección, piedras de la vejiga o del tracto urinario y cualquier enfermedad que se manifieste en la orina anormal u otra secreción líquida.

Para equilibrar tu elemento agua es ideal que, al levantarte en la mañana, incluso antes de lavarte los dientes, tomes al menos 20 oz de agua. Además, durante el día tu cuerpo necesita de la ingesta de agua suficiente para llevar a cabo todas sus funciones. Calcula las onzas de agua que necesitas tomar en el día utilizando tu peso como referencia. Si presentas algún desequilibrio con el agua o tienes alguna condición de salud, para optimizar tu sistema, debes tomar 1 oz de agua por libra de peso. Es decir, que, si pesas 150 lbs debes tomar entre 75 a 150 oz de agua, distribuidas durante todo un día, para optimizar las funciones de tu sistema.

La mitad de estas onzas de agua debes tomarla idealmente antes del mediodía y la otra mitad durante el resto del día. Si tienes un peso saludable, no presentas ninguna condición de salud y tu sistema está en óptimas condiciones, entonces, son suficientes media onza de agua por libra de peso. La calidad y la fuente del agua también son vitales. Mientras más mineralizada esté el agua, mucho mejor. Contrario al agua purificada, filtrada, tratada y sin sabor, el agua mineralizada tiene sabor salino, y viene de fuentes como manantial o pozos. El agua mineralizada, además de aportar minerales, aporta carga eléctrica. La carga eléctrica del agua es necesaria para que el sistema nervioso envíe y reciba señales entre las células. Estas señales son las que nos permiten movernos, pensar y sentir.

La exposición a los cuerpos de agua naturales como el mar y el río, así como el uso de diferentes técnicas de hidroterapia (hidroterapia de colon, enemas, baños de pies, baños de cuerpo, baños de vapor, baños de asiento, vapores vaginales o respiratorios) con intención sanadora, también son maneras de utilizar y equilibrar tu elemento agua cuando son necesarios.

Aire

Las sustancias que tienen movimiento son del elemento aire. Las cualidades móviles del cuerpo incluyen respiración, digestión y excreción, movimiento de las extremidades y articulaciones, sexualidad, envejecimiento. El desequilibrio del elemento aire se manifestará como síntomas de los órganos asociados con él como neumonía, tos, congestión mucosa, tuberculosis, bronquitis, otras infecciones respiratorias, desmayos, mareos y artritis. El elemento aire es considerado el elemento más importante para promover la movilidad, la fuerza, la longevidad y el vigor. Es por esto tan importante respirar correctamente y hacer ejercicios. Tu cuerpo está hecho para moverse. Si tienes un estilo de vida sedentario, estás yendo en contra de tu biología.

Para equilibrar tu elemento aire, es ideal realizar al menos 30 minutos de ejercicios en la mañana. Este es el momento más adecuado. También se puede combinar con ejercicios de respiración consciente. Lo ideal es ejercitarse o realizar ejercicios que requieran de cambios en la respiración todos los días. El tipo de ejercicio o deporte puede variar según tu preferencia, lo importante es que lo disfrutes. Dependiendo te tu meta de salud y cuerpo, podrás combinar entre ejercicios cardiovasculares, de resistencia y de flexibilidad.

Ejemplos de ejercicios cardiovasculares son el baile, caminar, trotar, correr, montar en bicicleta, ejercicios de alta intensidad, etc. Ejemplos de ejercicios de resistencia son el uso de la fuerza corporal o de pesas y otros instrumentos para crear fuerza y resistencia. Algunos ejercicios cardiovasculares combinan la resistencia cuando añades fuerza. Ejemplos de ejercicios de flexibilidad son: los estiramientos, el yoga, el Pilates, entre otros.

Uno de los mejores ejercicios que puedes realizar es el *rebouding*, el cual se realiza brincando en un mini trampolín. Brincar es un ejercicio celular y desintoxicante. Usando un mini trampolín o rebotador, brincas sin el riesgo de impacto y estás haciendo tanto ejercicio cardiovascular como de resistencia ya que todo el peso de tu cuerpo ejerce resistencia ante la fuerza de gravedad. Si combinas el *rebounding* con ejercicios de flexibilidad como el yoga y Pilates, tendrás un buen complemento para tu salud. Si tu meta es tonificar, entonces, es ideal que realices ejercicios más de fuerza añadiendo peso con el uso de equipos y maquinaria.

Si no puedes adquirir un equipo de *rebounding*, lo esencial y más fácil es salir a caminar. Contrario a correr, caminar ejerce menos impacto en las articulaciones, genera menos hormonas de estrés, y promueve la longevidad. Un reciente estudio publicado en *Journalofthe American College of Cardiology* muestra que aquellas personas que corren a velocidad reducida (lo que equivaldría a caminar rápido) o moderada reducen su riesgo de mortalidad hasta en un 30%, mientras que el riesgo de fallecer de quienes practican la carrera a mayor velocidad y de forma más vigorosa no se diferencia mucho de la de los sujetos sedentarios. Es decir, caminar a paso ligero o correr de forma moderada resulta positivo, mientras que correr mucho, a ritmo fuerte y durante largos periodos de tiempo, no. En 2013, Hans Savelberg y sus compañeros de la Universidad de Maastricht publicaron un artículo en diario *Plos One* en el que demostraban que practicar actividades físicas moderadas (como caminar o pasear) durante más tiempo al día conlleva mayores beneficios para la salud que la actividad física más intensa, pero de menor duración.

La Organización Mundial de la Salud (OMS) recomienda que, a la semana, como mínimo, se realicen 150 minutos de actividad física aeróbica y de intensidad moderada. Si, por ejemplo, caminas de manera enérgica con un paso ligero 20 minutos diarios; ya estarás cumpliendo con las recomendaciones de la OMS y estarás equilibrando tu elemento aire.

Fuego/sol

Las sustancias que tienen calor son del elemento fuego. El fuego no existe como elemento primario, para crearlo se necesita de un cambio químico o combustión. Lo que conocemos como fuego, en realidad es luz o sol. En el cuerpo el sol representa las cualidades cálidas/calientes del cuerpo, las cuales incluyen la temperatura corporal, el sistema circulatorio, y el metabolismo. El desequilibrio del elemento fuego se manifiesta principalmente como enfermedades de los órganos del elemento fuego: el corazón y el sistema circulatorio.

Para equilibrar tu elemento sol, es recomendable tomar mínimo 10 minutos de sol consciente diariamente. El sol recomendable es antes de las 11:00 a. m. o después de las 4:00 p. m. en época de primavera y latitudes tropicales. En otras épocas o latitudes la intensidad de la luz solar puede variar. El aporte más relevante que hace la exposición a la luz del sol es el de vitamina D. Si vives en una latitud donde las estaciones que limitan la luz solar son muy marcadas, entonces es ideal suplementarte con vitamina D. La exposición sana y consciente al sol debe realizarse por no más de 45-60 minutos. Puedes exponerte a la luz del sol de forma consciente visualizando cómo los rayos del Sol penetran en tu cuerpo y llenan de luz dorada cada una de tus células.

Tierra

Se puede decir que las sustancias que son sólidas tienen las cualidades del elemento Tierra. Las cualidades sólidas del cuerpo que son del elemento de la tierra incluyen: piel, músculo, tendón, hueso, vísceras, grasa, y otros órganos sólidos. El desequilibrio del elemento Tierra se manifiesta como síntomas de los órganos asociados con él. Algunos ejemplos serían enfermedad de la piel, enfermedad ósea, tumores y otros trastornos "sólidos". La exposición al elemento Tierra la recibimos tanto a través de los alimentos que son frutos frescos y originales de la Tierra, como también al tocar la tierra con nuestros sentidos.

REGENERA TU CUERPO, DESPIERTA LA DIOSA EN TI

Tu cuerpo está hecho para recibir, digerir y procesar alimentos que vengan de la tierra, principalmente sin ninguna alteración industrial o humana. A menos que siembres tu propio alimento o vivas en un país donde se practique la agricultura sustentable y consciente, hoy en día esto no es completamente real o posible, debido a que muchos alimentos que se encuentran en el supermercado, a pesar de ser frescos, han recibido tratamientos herbicidas o químicos, tanto para la conservación de la frescura, como para evitar los patógenos.

Para equilibrar tu elemento Tierra elige comer la mayoría del tiempo, principalmente alimentos frescos y orgánicos y elimina en gran medida y solo ocasionalmente los alimentos sobre procesados y empacados. Entre los alimentos frescos orgánicos se encuentran los vegetales, las frutas, los frutos secos y semillas, las legumbres secas, los granos en su forma más entera e integral, los huevos de gallina libre, pescados salvajes y frescos. Entre los alimentos sobre procesados y empacados se encuentran los alimentos refinados como las harinas, los aceites industrializados y mantequillas hidrogenadas, los alimentos blanqueados como la harina y azúcar blanca, las comidas pre hechas que vienen congeladas y los dulces comerciales.

El uso de hierbas y especias frescas, tanto para condimentar tus alimentos o como infusiones también son una forma de conectar con el elemento Tierra. Así como también tocar la tierra, la arena o la grama con todo tu cuerpo, tus pies o tus manos.

Pero, hay un quinto elemento, que también es importante que conozcas, el éter. Según la ciencia griega y medieval, el éter es también llamado quintaesencia. Este elemento es debatido por la ciencia moderna, ya que contrario a los otros cuatro no está compuesto de materia visible. El éter no es otra cosa que energía. Para la física cuántica, la materia tiene un estado de dualidad, tanto materia como energía y esto aplica a todas las formas de vida, incluso a nosotros los humanos. Somos a la vez materia y energía. El éter está más relacionado con el mundo de las ideas y los pensamientos. Si bien es cierto que los pensamientos demandan energía física, es decir, demandan de una actividad cerebral que requiere de tu glucosa, también es cierto que son energía pura. El éter es la energía o pensamiento universal, es la fuerza vital del universo y es donde se manifiestan los otros cuatro elementos.

Las cualidades del elemento éter en ti se manifiestan en la intuición y los pensamientos. La forma en que utilices tu genio (mente) determinará el buen uso de este elemento. Para equilibrar tu éter, aprovecha cada noche para identificar los pensamientos negativos o no constructivos que van en contra de tu esencia natural de salud, amor y creación ilimitada a favor de la vida.

Utiliza 10 minutos antes de dormir para practicar la concientización de tus pensamientos y visualización consciente. Imagínate viviendo la solución o resolución ideal de alguna situación que te preocupa. Pide a tu diosa interior, intervención con la Energía Suprema Creadora o Padre Eterno, para el apoyo en las soluciones, posibilidades o visualizaciones que quieres lograr, aquellas que te causan calma y paz. Para equilibrar el éter es importante descansar la mente de pensamientos y reconciliar diariamente un buen sueño reparador, donde se procure un buen descanso.

Para que se cumplan tus intenciones, no solo deben beneficiarte a ti, sino que deben ser intenciones viables que no dañen tu alrededor. El pensamiento universal nunca apoyará la manifestación de realidades que vayan en contra de la esencia de la vida, la salud y el amor. Aunque debes tener en cuenta que también existen energías de baja frecuencia que pueden crear estas posibilidades no saludables, pero siempre tendrán una consecuencia o karma.

En muchas civilizaciones antiguas, estos cuatro elementos son considerados como la base de todo el cuerpo, parte de cada principio básico sobre la curación del cuerpo y el fundamento de la vida. La interacción constante de los cuatro elementos da lugar a los procesos del cuerpo humano y es el impulso detrás de la vida física, haciendo importante el concepto de mantener a todos ellos equilibrados. Por supuesto, durante el curso normal de la vida, los elementos se equilibran y desequilibran en un estado de salud o enfermedad que cambia continuamente. Para convertirte en tu propia medicina y regenerar tu cuerpo es importante que conozcas y practiques el equilibrio de tus elementos. A través de la astrología médica, las características y síntomas que presenta la persona se pueden identificar cuáles son los signos, elementos dominantes o deficientes para entonces apoyar el equilibrio con la dieta y estilo de vida que apoya a cada elemento.

Los cinco procesos claves para un cuerpo en armonía

La alimentación, la digestión, la circulación, la desintoxicación y la coordinación nerviosa son cinco procesos claves que realiza tu cuerpo de diosa continuamente. Me gustaría que entendieras, que, para regenerar y mantener tu cuerpo de diosa, es preciso apoyar estos cinco procesos con tu estilo de vida. Recuerda que tu cuerpo como diseño divino perfecto funciona como una máquina de procesamiento de energía, en la cual existe una entrada, un proceso y una salida.

Imagina a tu cuerpo como una máquina procesadora de jugos, dónde vas introduciendo los vegetales, luego se trituran, y por un lado sale el jugo como producto y por el otro sale la fibra como desecho. Cuando hay armonía en el procesamiento -todo fluye como debería- vas introduciendo y van saliendo vegetales y frutas a un ritmo sostenible para la máquina, entonces el resultado es la salud. Cuando hay desarmonía en el procesamiento, el resultado es la enfermedad.

La desarmonía puede ser tanto a nivel de estancamiento, por ejemplo, cuando el ritmo en que echas los vegetales va más rápido que la capacidad del procesamiento de la máquina. En este caso lo que entra no va a la par con lo que sale y la máquina va sobrecargada. También puede haber desarmonía en el procesamiento cuando por la sobrecarga o el tiempo de uso, las piezas de la máquina se agotan o dañan y dejan de procesar en su máximo potencial. Por otro lado, también puede haber desarmonía en el proceso cuando hay deficiencias en los elementos que necesita la máquina para procesar de forma adecuada y correcta. Otra situación que causa desarmonía es el que se le introduzca a la máquina los vegetales para la cual esta no tiene la capacidad de procesar.

Así que, la salud y el mantenimiento de tu cuerpo son una cuestión de armonía, ritmo y mantenimiento continuo, entre lo que entra, lo que sale y lo que se procesa para mantener tu energía vital o vida. La vida moderna y las programaciones de estilo de vida fuera del diseño biológico han llevado principalmente a problemas de estancamiento. Se le introduce al cuerpo alimentos para los que no está diseñado, a un ritmo más rápido de lo que este puede procesar y eliminar, causando la desarmonía.

El cuerpo hace su máxima labor posible, pero en algunos casos llega a un punto donde ya las piezas se agotan o dejan de funcionar. Lo más maravilloso de todo es que como en realidad tu cuerpo no es una máquina, sino un sistema orgánico perfectamente creado y conectado a la energía creadora, es posible regenerar las piezas y restablecer la armonía del proceso. ¿Cómo se logra? Leyendo el manual de instrucciones, conociendo cómo funciona el proceso y siguiendo las formas correctas del uso de tu cuerpo.

Nutrición

Dice un dicho: "El pez muere por la boca". Yo digo que nosotros también. Alimentación y nutrición no es lo mismo. Según el diccionario *Merriam Webster*, la alimentación es el acto o proceso de dar nutrición. La alimentación es la ingesta de los alimentos, que son la fuente de los nutrientes, y depende del individuo, de sus hábitos, preferencias, aspectos culturales y la accesibilidad a los alimentos. Mientras que, la nutrición es el proceso mediante el cual los alimentos son absorbidos y utilizados en las diversas reacciones químicas que se llevan a cabo en el organismo con la finalidad de mantener la vida.

En la nutrición pudiera intervenir la genética del individuo. Nutrición viene del inglés "*nurture*" que a su vez viene de la palabra *nature*, en español "naturaleza". El alimento que realmente nutre viene de la naturaleza. Lo que entra a tu cuerpo como alimento es vital para la regeneración y el mantenimiento del cuerpo de diosa. Lo que comes puede darte vida o promover la muerte. Es posible, que hoy en día lo que comes no necesariamente te nutre. Este es el grave problema de la alimentación actual. No todo lo que es comida, es alimento, y no todo alimento cumple hoy en día la función de nutrir. Incluso son alimentos que intoxican, debido a los procesos de la agricultura y el procesamiento industrial.

Debes conocer que tu cuerpo está creado para nutrirse de alimentos que provienen frescos y puros de la tierra, sin haber sido manipulados por la industria. La pureza y frescura de los alimentos es lo que asegura en gran medida el aporte de las sustancias que nutren, ya que son las sustancias que en sí componen al cuerpo en su estructura y función. Estas sustancias en orden de importancia son minerales, vitaminas, enzimas, almidones y azúcares, ácidos grasos y aminoácidos. Mientras los minerales, vitaminas y enzimas están más involucrados en los procesos de función, los almidones, azúcares, ácidos grasos y aminoácidos forman parte de la estructura y la producción de energía.

En el naturismo nos enfocamos en el aporte de nutrientes y no en calorías. En mi opinión, el concepto de calorías fue creado para medir la ingesta de alimentos sobre industrializados, los cuales, por no cumplir su misión de nutrir y saciar el hambre, se debe tener control de su ingesta contando las calorías. Entonces, comer pasa a ser más un acto de conteo mental que de saciar el cuerpo físico. Esto es sumamente absurdo y va en contra de la esencia natural del cuerpo. ¿Verdad que nunca has visto que las frutas y vegetales en la sección fresca del supermercado requieran una etiqueta con sus calorías y datos nutricionales? Si te alimentas en su mayoría de vegetales, frutas frescas, ácidos grasos saludables, almidones de fuente natural y fuentes de aminoácidos de fácil asimilación, contar calorías es innecesario.

Según el Dr. Eduardo Alfonso, uno de mis médicos naturistas favorito, para que la alimentación humana esté completa, ha de ingerirse tanto sustancias proteicas (albuminas) como sustancias grasas (grasas, lecitina, colesterina), carbohidratos (féculas, azúcares, almidones), sales (de calcio, sodio, fósforo, etc.), vitaminas, diastasas, fermentos y agua. Sin embargo, explica que la necesidad de algunas de ellas como las grasas, albuminas y carbohidratos es relativa, porque el organismo puede transformar unas en otras. Por ejemplo, tu cuerpo puede transformar la grasa en glucosa. Al final lo que entra a las células siempre será glucosa, pues la célula no puede usar otra cosa para producir energía.

Por otro lado, hay otras sustancias como el agua, las vitaminas, sales y diastasas (minerales)que son de necesidad absoluta, porque no tienen sustitución posible y sin ellas no se pueden digerir o procesar las demás. Las sustancias proteicas o albuminas son de las menos necesarias en un adulto, ya que son alimentos de construcción orgánica. Construyen el armazón y se desgastan poco a poco. Las grasas y carbohidratos son alimentos de función y son el combustible del organismo, por lo tanto, son más esenciales que los proteicos. Las sales o minerales son los alimentos constructivos de los huesos, mantenedores del equilibrio del PH, la excitabilidad nerviosa normal, las secreciones endocrinas y las respuestas musculares, así que son de necesidad absoluta. Las vitaminas son alimentos reguladores del equilibrio químico, ayudan en el aprovechamiento de los demás grupos de alimentos y aportan vitalidad. Por último, pero más importante, el agua es la base de todas las operaciones químicas de la vida.

Como vemos, el agua, los minerales y las vitaminas son la prioridad. El grupo de alimentos que contiene en mayor medida mineral, agua y vitaminas son las frutas y los vegetales. ¿No crees que este debería ser entonces la base de la pirámide alimenticia? Resulta que la pirámide alimenticia que conoces no fue creada realmente para saciar las necesidades de salud de tu cuerpo, sino para mantener a la industria de alimentos.

El principal producto de las industrias es el trigo, con el cual se produce la harina y sus derivados. Para el periodo 2017-2018, según datos de la industria de alimentación, el valor de esta industria fue de $5.8 billones. No en vano la base de la pirámide alimenticia siempre ha sido por años el pan, los cereales y las pastas. Gracias a profesionales de la salud y gobiernos conscientes, ya está cambiando en algunos países europeos. La Asociación Española del Corazón ya propone una pirámide alimenticia donde la base son los vegetales, seguido por las frutas y luego los granos integrales. Canadá también ya hizo cambios en las sugerencias de un plato saludable, poniendo las frutas y vegetales frescos como la mitad de la constitución del mismo y solo una cuarta parte del plato son granos.

Muy interesante es que, aunque la Organización Mundial de la Salud hizo actualizaciones en la pirámide alimenticia que sugiere, añadiendo en la base el agua, la actividad física y mantener un equilibrio emocional como propuesta de mantener estilos de vida saludable, aún sigue proponiendo las harinas y cereales como primera opción de grupo de alimentos, antes que los vegetales. También propone las bebidas fermentadas como el alcohol como consumo opcional, ocasional y moderado en adultos. Esto va en contra de la naturaleza del cuerpo humano y me hace validar aún más que en definitiva está estratégicamente hecha para sostener a las grandes industrias.

Debemos entender que la alimentación no está completa sin la integración de fibra celulosa proveniente de hojas, tallos, raíces, y fibra comestible de frutos y granos. Aunque la celulosa es solo digerida un 20%, es necesaria para estimular la función motriz de las paredes del tubo digestivo. Ya ves que es otra razón para que los vegetales y frutas estén sugeridos como primer grupo de alimentos, aunque cada persona tiene requerimientos de alimentación diferentes de acuerdo a su actividad física.

Según el naturismo para una persona adulta, con actividad física moderada basta para su día la ingesta de 6 vegetales, dos frutas, una fuente de almidón, una fuente de proteína y una fuente de ácidos grasos. Deben evitarse todos los alimentos refinados, a los que se ha sustraído una parte de sus componentes. En lugar de pan y pastas blancos, debes consumir pan integral y arroz integral.

Los aceites hidrogenados se deben sustituir por fuentes de ácidos grasos enteras como las nueces y semillas o aceites vegetales no industrializados. El azúcar refinado se debe sustituir por miel, jarabe de arce o estevia. En lugar de caramelos y golosinas se debe comer frutas frescas o secas.

Las albuminas o proteínas poco asimilables y altas en toxinas y hormonas como las carnes rojas y blancas se deben sustituir por albuminas o proteínas más asimilables como las leguminosas (garbanzos, lentejas, habas, guisantes), el huevo, el queso fresco y ocasionalmente el pescado.

Muy ocasionalmente y en ausencia de enfermedad, pueden comer las carnes menos dañinas, las cuales son las de animales jóvenes herbívoros de vida silvestre como la ternera y el cordero. En el capítulo 7 iremos con más detalles sobre esto.

Uno de los problemas con la alimentación hoy en día es que se ingiere demasiado alimento procesado deficiente en los nutrientes requeridos. La típica dieta latina y la norteamericana tienden a ser deficientes en hierro, yodo, vitamina B12, vitamina A, vitamina D, calcio y magnesio. Según la Organización Mundial de la Salud, la deficiencia de hierro es el desorden alimenticio más común en todo el mundo, afectando alrededor de un 25% de la población, incluyendo tanto a países subdesarrollados como países industrializados. Además del hierro, otra deficiencia común en todo el mundo es la de yodo, afectando a casi un tercio de la población mundial. Hierro y yodo son minerales súper esenciales en la salud femenina, repercutiendo sus respectivas deficiencias en la fertilidad y buen funcionamiento de la tiroides. Ingiriendo entre 5 a 6 fuentes de vegetales frescos y orgánicos, una fuente de aminoácidos y una fuente de almidón, tu cuerpo recibirá el aporte de minerales requeridos.

Otro problema común hoy en día en los países industrializados es el desequilibrio en las cantidades de alimentos necesarios que se ingieren, habiendo en su mayoría un exceso en la ingesta de azúcares y una deficiencia en ácidos grasos saludables. Según la página web *Food Navigator*, los países latinoamericanos y caribeños junto con Estados Unidos son los mayores consumidores de azúcar en el mundo, especialmente en forma de bebidas azucaradas.

Por otro lado, según la conclusión de estudios de la Universidad de Harvard en conjunto con el CDC, la deficiencia del ácido graso omega 3 es el sexto mayor causante de muertes en Estados Unidos, incluso más letal que el mismo consumo de grasa en exceso (*Harvard's T.H. Chan School of Public Health*, 2019).

El problema no es el azúcar, sino la fuente y cantidad en la que se consume. El problema no es la grasa, sino el desequilibrio en la ingesta de las fuentes de ácidos grasos. Consumiendo dos frutas al día, estarás ingiriendo la azúcar adecuada y de una fuente natural y fresca. Consumiendo diariamente, las fuentes de grasas y aceites correctos obtendrás el equilibrio adecuado de los ácidos grasos.

Digestión

No eres lo que comes, sino lo que digieres. Lo que realmente terminará construyendo tu cuerpo de diosa es lo que tu sistema pudo digerir y transformar proveniente de tu alimentación. La digestión es el proceso mediante el cual los alimentos que se ingieren se descomponen en partes más pequeñas para que el cuerpo las pueda utilizar para crear y nutrir células, y proporcionar energía.

La digestión comprende la mezcla de la comida, el movimiento de la comida a través del tracto digestivo y la descomposición química de grandes moléculas de comida en moléculas más pequeñas. Para que esta descomposición y transformación se haga de forma eficiente, los alimentos que se ingieran deben aportar enzimas, minerales y vitaminas. No basta con comer solo macronutrientes como los carbohidratos, proteínas y grasas. A falta de micronutrientes como minerales, vitaminas y enzimas, el proceso de digestión no puede procesar de manera correcta los macronutrientes.

Los alimentos frescos, vivos y provenientes de la tierra son los que llevan el aporte más alto en micronutrientes, especialmente el aporte de enzimas vivas como la proteasa, lipasa y amilasa. El alimento vivo y fresco tendrá con él las enzimas que apoyarán el comienzo de la propia digestión del mismo. Cuando el alimento se transporta, se procesa, se empaca, se almacena o se cocina de forma incorrecta, entonces su valor enzimático disminuye o desaparece por completo, provocando digestiones menos eficientes y a su vez desnutrición.

Las enzimas de los alimentos a base de plantas pueden mejorar la digestión y el transporte de los nutrientes hacia la sangre, incluso si el sistema digestivo está comprometido. Tanto la obesidad como el hambre son problemas de mal nutrición, el primero es por exceso de alimentos sin nutrientes y el segundo es por falta de alimentos con nutrientes. Ninguno tiene que ver con la escasez de alimentos en el planeta, sino más bien el control y mal distribución de los mismos.

Otros factores que interrumpen la armonía del proceso digestivo son la combinación de los alimentos, la temperatura de la digestión y la forma en la que comes. La combinación inapropiada de los alimentos al llegar al tracto digestivo, puede causar estrés digestivo, fermentación y putrefacción. A presencia de estrés digestivo, fermentación y putrefacción, el producto final de la digestión es intoxicación en vez de ser nutritivo.

El "*Food Combining Rule*" o la regla de combinación de los alimentos, tiene una base muy lógica. Piensa que en la naturaleza no encontrarás todos los grupos de alimentos a la misma vez como para combinarlos al mismo tiempo. Así que es algo que empecé a practicar como parte del naturismo y me ha funcionado a mí y a mis pacientes. Dentro de las reglas básicas de la combinación de alimento para una buena digestión se encuentran comer frutas con el estómago vacío, no combinar los almidones con las proteínas, no combinar los almidones con los alimentos ácidos, no combinar diferentes tipos de proteínas a la vez.

Entre otras pautas están, el no mezclar los azúcares con las grasas o lácteos. Entonces, partiendo del concepto de *Food Combining*, un típico plato de pasta, papas o arroz con pollo es una mezcla fatal, comer huevos, jamón y tocineta en un mismo desayuno todos los días es una mezcla mortal y el helado tradicional a base de leche, grasa y frutas acidas es una mezcla bomba. Entonces, el mejor momento para comer las frutas es en la primera comida del día. Los vegetales son los alimentos neutrales tanto para combinarlos con almidones y grasas, como para combinarlos con proteínas y grasas.

Tomar un vaso de agua fría después de comer, es lo peor que puedes hacerle a tu digestión. El cuerpo necesita de una temperatura estable aproximada entre 97 a 100 grados Fahrenheit, que es la temperatura ideal para la mejor digestión. Cuando ingieres alimentos fríos como agua helada o helados, luego de una comida, el cuerpo hará un esfuerzo extra para calentarse y hacer la propia digestión. Incluso en días calientes, los líquidos tibios generalmente alivian el sistema. Tomar agua justo luego de comer, también diluye los ácidos digestivos necesarios para la buena digestión, siendo contraproducente para esta.

La forma en que comes también está involucrada en cuan eficiente será tu digestión. La digestión está orquestada completamente por el sistema nervioso autónomo; tan autónomo e independiente, que ya es considerado el primer cerebro teniendo una conexión directa con el segundo cerebro, es decir, el que conoces como primero. Tu sistema digestivo no necesita de tu comando para activarse y hacer sus procesos, pero sí depende de cómo te sientes y qué piensas para hacerlo bien. Comer bajo estrés o muy rápido provocará digestiones deficientes o pesadas que te llevarán a auto intoxicarte en vez de nutrirte.

El estrés afecta negativamente la digestión, ya que bajo estrés tu circulación sanguínea se dirige principalmente hacia tus extremidades, disminuye el aporte de oxígeno y sangre hacia el estómago y causa inflamación y desequilibrio en la flora intestinal además de deficiencias en la creación de las enzimas metabólicas. Las enzimas metabólicas son las enzimas que no vienen de los alimentos, sino que el cuerpo las produce en respuesta a las necesidades de la digestión de los alimentos que comes. Sentarte a comer en calma, disfrutar de los alimentos, escuchar a tu cuerpo cuando no tiene hambre o identificar cuándo deseas comer por ansiedad son prácticas de alimentación consciente y esencial para recuperar tu cuerpo de diosa.

La buena digestión es la base de la buena absorción y transportación de nutrientes hacia la sangre. Se asume, de manera bastante errónea, que la digestión ocurre automáticamente y que la corrección de un trastorno nutricional simplemente requiere de aportar el suplemento nutricional adecuado para la condición, como, por ejemplo, vitamina C para los resfriados y vitamina A para los virus. Los problemas de salud relacionados con los desequilibrios nutricionales deben considerar la capacidad de cada persona para digerir los alimentos. La medicina convencional desafortunadamente piensa poco o nada, en el papel de una buena digestión a pesar de la evidencia de su importancia. La capacidad digestiva varía en cada persona. En mi práctica como naturópata, la iridología o estudio del iris, me ayuda a identificar la capacidad digestiva de la persona y apoyarle con su regeneración digestiva para equilibrar su peso y salud.

Entonces, para regenerar tu salud y recuperar el cuerpo de diosa, es vital comer alimentos frescos y locales. Además, saber combinar y cocinar correctamente los alimentos que requieren de calor para facilitar su proceso digestivo y aprender a comer en las horas correctas, cantidad ideal y ritmo correcto. Es todo como una obra musical.

Circulación

La circulación sanguínea es la forma en que la sangre viaja en tu cuerpo. Por un lado, la sangre transporta el oxígeno de los pulmones a las células y el dióxido de carbono en la dirección opuesta, esto se conoce como respiración. Por otro, los nutrientes como las grasas, azúcares o proteínas de la digestión se transportan desde el tracto digestivo a los tejidos individuales, donde se pueden consumir, procesar o almacenar según sea necesario.

La forma en que apoyas tu circulación es a través de la buena respiración, la hidratación, el movimiento a través del ejercicio y la buena digestión. La medida de la presión arterial nos puede proveer un índice del funcionamiento correcto de la circulación. Sin embargo, no se recibe igual un aumento en la presión arterial por la actividad del ejercicio que el causado por estrés. Los mecanismos que se activan en uno y otro son diferentes.

Cuando te ejercitas, el bombeo del corazón se acelera, pero también se liberan neurotransmisores (mensajeros entre neuronas) como la endorfina y la serotonina que apoyan la sensación de bienestar. Mientras que, cuando el bombeo del corazón se acelera debido a la tensión nerviosa o estrés, se activan neurotransmisores como la dopamina, adrenalina y el cortisol, produciendo más sensación de alerta que de bienestar.

La circulación puede verse afectada por una mala digestión cuando el material digerido pasa a la sangre en la cantidad o forma inadecuada. Por ejemplo, cuando ingieres azúcar refinada en exceso, esta pasa muy rápido al torrente sanguíneo, elevando los niveles de azúcar en la sangre. Si esto ocurre de forma muy constante, con el tiempo, el azúcar elevado causará daños a los vasos sanguíneos. Otro ejemplo es cuando la pared intestinal no está fortalecida y las moléculas de proteínas indigeribles, como el gluten en algunos casos, pasan al torrente sanguíneo provocando una reacción inmune que es la causa de las inflamaciones.

Por otro lado, la circulación puede verse afectada por la falta de agua y la temperatura del cuerpo. Al estar deshidratado, tu cuerpo retiene más sodio, espesando la sangre, y haciendo que sea más difícil que la sangre circule por el cuerpo. También a falta de suficiente agua, el cuerpo ahorra agua y energía disminuyendo la presión arterial, lo que no es tan bueno para la circulación eficiente. Así mismo, las bajas temperaturas hacen que los vasos sanguíneos se contraigan y estrechen, provocando aumento de la presión arterial ya que se necesita más presión para forzar la sangre a través de las venas y arterias estrechas. Tomar agua a temperatura ambiente o caliente, también es una forma de mantener una buena circulación sanguínea.

Desintoxicación

Todo lo que entra al sistema digestivo y no se utiliza, tiene que salir de forma eficiente. Llegamos a una de las partes más cruciales pero olvidadas en la regeneración del cuerpo y la salud, la desintoxicación. Se denomina desintoxicación a la remoción fisiológica de sustancias toxicas tanto endógenas o como exógenas, de un organismo vivo, la cual es en gran medida realizada por el hígado. Estar consciente tanto de la ingesta de los alimentos, como también la forma, el ritmo y el tiempo en la cual se eliminan es parte de regenerar y recuperar tu cuerpo de diosa. Debido a que hoy en día se vive mayormente en ambientes y condiciones fuera de la esencia natural biológica, la carga o estrés en el sistema hacen que los órganos de excreción se abrumen y que el cuerpo empiece a sobrecargarse con desechos tóxicos.

Esta sobrecarga de desechos vuelve al cuerpo más vulnerable a todo tipo de bacterias y virus, así como también a desequilibrios de las funciones internas. El problema con las toxinas empieza cuando entran o se acumulan a un ritmo distinto al cual el cuerpo las puede procesar y eliminar.

Las toxinas son sustancias dañinas para tu sistema que se forman tanto de los desechos digestivos y la función inmune del propio cuerpo, como de la exposición a toxinas en el ambiente. Las toxinas metabólicas son desechos normales del propio metabolismo. El exceso de ellas ocurre por el desequilibrio en los nutrientes esenciales y los excesos de alimentos nocivos para el sistema. Por ejemplo, la ingesta de azúcar y carbohidratos simples en exceso, junto con la deficiencia de magnesio y enzimas digestivas, es uno de los escenarios ideales para generar exceso de residuos metabólicos dañinos.

La eliminación correcta de estas toxinas metabólicas dependerá de que los órganos eliminatorios no estén congestionados y abrumados, especialmente por la presencia de toxinas exógenas, que son aquellas a las que se expone el cuerpo según el ambiente o son creadas por procesos artificiales. Dentro de las toxinas exógenas más comunes se encuentran los fármacos, los metales pesados, los químicos industriales utilizados como pesticidas o los que se usan en la producción de productos de cuidado personal.

Ninguna otra época de la humanidad había sido tan expuesta a tantos químicos y tóxicos hechos por el hombre como esta. Una persona que ingiere alimentos no orgánicos puede consumir alrededor de 16 libras de químicos provenientes de los pesticidas cada año. Desde 2009, 595 manufactureros de productos cosméticos han reportado utilizar 88 químicos que se han relacionado con cáncer, defectos en el nacimiento y problemas en la fertilidad, entre ellos el mercurio, el formaldehido, y el petróleo. El problema con las toxinas del ambiente externo moderno es que interfieren con los procesos metabólicos normales, alterando tanto el metabolismo como la regulación hormonal.

Para apoyar la desintoxicación eficiente es vital tomar dos acciones. Número uno, evitar y limitar la exposición a las toxinas exógenas y evitar el exceso. Número dos, procurar la correcta eliminación de las toxinas endógenas. Ingerir alimentos orgánicos, agua limpia, aire puro, evitar los productos de limpieza y cuidado personal con ingredientes que puedan actuar como toxinas y sustituirlos por productos naturales no contaminantes. Más adelante en los capítulos siguientes, hablo de los ingredientes a evitar.

Los mismos órganos que trabajan en la digestión también realizan los procesos de desintoxicación. El hígado, el riñón, los pulmones, los intestinos y la piel son los órganos encargados de neutralizar y eliminar las toxinas. Las heces, la orina, el aire expirado y el sudor son las formas en que los desechos son también eliminados.

El hígado necesita de periodos de descanso, vitaminas, minerales, enzimas y aminoácidos para hacer su función de regular la composición de la sangre. Los riñones necesitan de la buena hidratación y los minerales para filtrar la sangre, regular la acidez y eliminar productos de desechos a través de la orina. Los pulmones necesitan de aire puro y unas vías respiratorias limpias para excretar tóxicos y dióxido de carbono a través de la expiración. El intestino grueso o colon necesita de una equilibrada y correcta microbiota intestinal para asegurar la correcta eliminación de los desechos a través de las heces, mientras que, la piel necesita de la correcta circulación e hidratación, para que los desechos puedan ser eliminados a través del sudor.

Para recuperar el cuerpo de la diosa, es recomendable realizar programas con enfoque depurativos que ayuden a reequilibrar los procesos de desintoxicación, favoreciendo el descanso, el drenaje y el funcionamiento de los órganos que intervienen en este proceso. Hacer un ayuno de 3 días utilizando zumos de frutas y vegetales ha demostrado científicamente que apoya en la regeneración de la flora intestinal beneficiosa apoyando el proceso de digestión, y además aumenta el óxido nítrico en sangre regulando y apoyando el proceso de circulación arterial.

El ayuno de un día de agua también es una forma de hacer una pausa en la digestión, para apoyar la desintoxicación. La mayoría de las personas hoy en día tratan mejor a sus autos que a su propio cuerpo. Jamás ignorarían una luz prendida que indica la necesidad de realizar un "*tune up*". El cuerpo es similar, también da señales de alerta. Pero, la mayoría no conocen o ignoran los síntomas de que su cuerpo ha llegado al límite de carga tóxica y necesitan apoyar la desintoxicación.

El vínculo entre la efectividad de nuestro proceso de desintoxicación y nuestra susceptibilidad a las toxinas ambientales, se ejemplifica en un estudio donde participaron trabajadores de una planta química en Turín, Italia, donde estos tenían una tasa inusualmente alta de cáncer de vejiga. Cuando se evaluó la actividad de las enzimas de desintoxicación en el hígado de todos los trabajadores, se encontró que aquellos con el sistema de desintoxicación más pobre fueron los que desarrollaron cáncer de vejiga.

En otras palabras, todos estuvieron expuestos al mismo nivel de toxinas carcinógenas, pero aquellos con una función hepática deficiente fueron los que desarrollaron cáncer. En conclusión, el ambiente es solo una parte del juego, ya que es el esfuerzo para fortalecer tu proceso de desintoxicación lo que hace la diferencia entre desarrollar o no una enfermedad.

Coordinación nerviosa

El sistema nervioso autónomo lidera todas las funciones vitales del metabolismo y función endocrina en tu cuerpo. Aunque tú no participes de forma directa en los procesos metabólicos, la armonía del sistema nervioso autónomo depende en gran parte de cómo te sientes y piensas, es decir, de tu reacción emocional al ambiente. Esto es porque tu sistema nervioso autónomo tiene una acción simpática y una parasimpática.

La acción simpática es aquella que activa y prepara al cuerpo para responder ante el estrés, mientras que la acción parasimpática es pasiva y regresa el cuerpo a la calma. Es como el yin y yang, pero en términos de sistema nervioso. Uno activa, el otro relaja y ambos son importantes en su perfecto equilibrio. El estrés y la ansiedad de forma crónica hacen que predomine el sistema nervioso simpático. El predominio del sistema nervioso simpático acelera la presión sanguínea, disminuye la movilidad intestinal, contrae los vasos sanguíneos y disminuye la peristalsis (movimiento) del estómago.

Este patrón puede alterar la digestión y la circulación, y causar mala absorción y autointoxicación. Cuando esto ocurre, es preciso ayudar al sistema a activar el sistema parasimpático a través de la respiración pausada, el masaje, la interacción con la naturaleza o actividades de disfrute, las hierbas adaptógenas y ansiolíticas, ayudando así a mantener el equilibrio de ambas acciones nerviosas.

La coordinación nerviosa de tu cuerpo depende en gran medida de cómo manejas tus emociones y tu mente. Por eso, fue muy crucial para mí, añadir a este libro tanto las herramientas emocionales como mentales. El próximo capítulo está dedicado a entender mejor tu aspecto emocional y cuál es la esencia del corazón de la diosa.

CAPÍTULO 4

El Corazón de la diosa

Regresando a la esencia natural de tu corazón: el amor incondicional

Es posible que hayas estado trabajando en conocer y recuperar tu cuerpo de diosa. Te gusta hacer ejercicios, te alimentas con equilibrio y disfrutas de un estilo de vida que apoya tu peso ideal y la salud física. Pero, aún no te sientes completamente plena, pues sientes que te falta algo más. Algo que no identificas y va más allá de lo físico. Es que "no solo de pan vive el hombre" reza un dicho popular. Hay una esencia emocional y es necesario limpiarla y nutrirla o de lo contrario te sentirás vacía. De hecho, muchas personas llegan a confundir sus vacíos emocionales con hambre. Esta es la gran diferencia entre hambre y apetito. El hambre es fisiológica, el apetito es emocional.

Yo también me sentí vacía emocionalmente en algún momento de mi vida. Fue entonces cuando descubrí mi esencia emocional y como debía limpiarla y nutrirla. Todo empezó luego de bajar de peso de forma poco saludable, a mis 17 años. En aquel entonces, ya me sentía mejor con mi peso y mi cuerpo. Empecé a aceptar más lo que veía de mí frente al espejo. Cuando también empecé a vestirme más femenino, a arreglar mejor mi cabello y a experimentar cambios de imagen, comencé a descubrirme a mí misma. Pero, de pronto se despertó un instinto que realmente nunca había experimentado antes. El instinto por saberme atractiva y deseada por el sexo masculino.

Esto ocurrió a mis 17 años, cuando por primera vez identifiqué que le gustaba a un chico en el colegio. Antes de eso nunca había tenido emociones de ese tipo. Más allá de admirar a actores de novela como Sebastián Rulli, y tener sus fotos en mis libretas. Nunca me había fijado en esas cosas. Ese instinto sexual y de enamoramiento por el sexo opuesto estuvo bastante reprimido en mi niñez. De hecho, relacionarme con varones a mi corta edad no era típico en mí. Mi mamá fue muy estricta con el hecho de cuidarme de los varones. Cuidarme, porque en su mente, tal vez relacionarme con varones podría significar experimentar la sexualidad temprana, tal vez ser víctima de abuso o perder mi virginidad. Mi mamá tenía en aquel tiempo una mente totalmente programada para el miedo, con esos aspectos. La entiendo, pues ser una madre inmigrante, en un país con una cultura diferente, no sabía que esperar. Su instinto de madre era proteger. Me protegió tanto, que fue un poco castrante la verdad.

Recuerdo que cuando tuve celular por primera vez, a mis 16 años más o menos, el celular era solo para propósitos de emergencia. Salir a compartir con un grupo de amigos después del colegio, estuvo prohibido hasta que llegó mi época universitaria. Una vez mi mamá se molestó con la madre de una compañera de clases, porque nos permitió a las niñas salir a vender chocolates por las calles, junto con los varones. Realmente de niña y adolescente, experimenté vivir en el miedo y la limitación social.

Hablar de "noviecitos" o "amiguitos con privilegios" era una cosa prohibida en mi casa, por ser niña, pues recuerdo que a mi hermano le preguntaban cuántas "noviecitas" tenía, desde primer grado. Así que mi primera percepción de los varones fue rechazarlos, pues no sabía cómo tratarlos. Mi relación con mi padre tampoco fue cercana emocionalmente. Eso no me ayudaba mucho a entender cómo tratar y relacionarme con el sexo masculino. Tampoco vi a mi mamá tener amigos. Me imagino que por miedo y respeto a mi padre. En algún momento llegué a pensar que la única forma de relacionarme con un varón era como pareja. Eso de tener amigos o "panas" varones no era la norma. Me habían enseñado que las nenas debían estar con las nenas y los nenes con los nenes. Aunque si tuve un mejor amigo varón en desde la intermedia en el colegio, siempre fue con mucho respeto.

La consecuencia de todo lo anterior, fue que me enseñaron a cuidar y respetar mi sexualidad desde el miedo. Miedo a relacionarme con un varón porque podría aprovecharse de mí. Miedo a perder algo valioso que se entrega a ese primer amor, porque de lo contrario no sería valorada y amada. Tampoco tenía claro y no me explicaron lo que era amar.

Recuerdo los globos y chocolates que se regalaban muchas parejas en el colegio en la celebración de San Valentín. De pronto, empecé a darme cuenta de que tal vez eso era amar. Que amar era tener una pareja que te regale chocolates y flores con la cual terminarías casándote, teniendo hijos y amando por siempre. Pero sabía que todo eso estaba prohibido para mí hasta cumplir la mayoría de edad. Prefería no relacionarme con nadie, para que, en caso de llegar con un regalo de San Valentín a mi casa, no tener que dar explicaciones. Simplemente, escogí en aquel momento actuar desde el miedo.

Mis padres no fueron el mejor ejemplo del amor en pareja. Desde pequeña me tocó experimentar la inestabilidad emocional entre ellos, la cual pasaba del amor al odio, de la infidelidad al perdón, del odio al sexo, y así se mantuvo hasta que se separaron luego de 25 años de inestabilidad emocional.

Aunque no tuve una primera buena impresión de lo que era amar, yo estaba muy segura de que había algo mejor. Yo sabía dentro de mí que lo que había en mi núcleo familiar no era lo que yo quería experimentar cuando me tocara tener una relación de pareja. Por el miedo y respeto a mis padres, fue que, en mi tercer año de universidad, a mis 21 años apenas, me abrí a la exploración de mi instinto sexual y tuve mi primera relación de pareja y también sexual.

En aquel momento la atracción fue instantánea y mutua. Nos conocimos, nos hicimos novios y empezamos a vivir experiencias muy bonitas rápidamente. Sin embargo, mis bloqueos mentales no me dejaban disfrutar plenamente del sexo y atormentaban mi actitud en la relación. Pensaba que, por perder mi virginidad, ya no me podría casar, y ese temor, me mantenía con emociones muy tensas. Sentía que, a pesar de tener sexo, no me podía entregar completa, tanto por lo que pensaba, como por lo que sentía. Sentía que faltaba algo más.

En aquel momento recibí un anillo para formalizar esa relación. Pero a pesar de recibirlo emocionada, un temor dentro de mí me arropó. Fue como si inconscientemente huyera del compromiso. Era como un miedo a perder mi libertad y experimentar el sufrir que veía en mi mamá y toda la violencia que pasaron mis abuelas en sus relaciones de pareja. En aquel momento, no supe expresar ese temor a mi primera pareja. No contaba con la madurez emocional para expresar mis sentimientos y comunicarlos. Cuando algo no me hacía sentir bien, simplemente huía. Aunque esa primera relación fue muy hermosa, viví mucha inestabilidad emocional por mis programaciones mentales de miedo, la falta de madurez emocional y el uso de pastillas anticonceptivas.

Sí, se ha demostrado científicamente que el uso de hormonas sintéticas puede afectar las emociones, causando cambios de humor, depresión e irritabilidad. Incluso se ha demostrado, que los fuertes cambios hormonales que se experimentan pueden llegar a provocar que la mujer rechace totalmente a su pareja. Yo aún no estoy segura de si ese fue mi caso con el uso de los anticonceptivos, pero experimenté un marcado cambio emocional y físico en mí. Empecé a engordar nuevamente todo lo que había bajado, volví a perder mi cuerpo de diosa, me sentía perdida, irritable y depresiva. No me sentía bien conmigo misma. Lloraba sin razón alguna y empecé a no tolerar a mi pareja. Todos estos síntomas del llamado Síndrome Premenstrual. Fue así entonces cuando mi modo guerrera, me llevó a dejar esa primera relación y embarcarme a experimentar la búsqueda y el desarrollo de mi esencia emocional y el verdadero significado del amor.

Buscar el significado del amor en pareja viviendo desde el modo guerrera, es uno de los peores errores que como mujer puedes cometer. A falta de amor, la guerrera te lleva a buscar y relacionarte desde una actitud defensiva, de víctima o sacrificada. Una guerrera a la defensiva, por miedo a ser herida, se pone un traje de coraza y carga un escudo de piedra que le impide dar y recibir amor, llegando a rechazar con sus actitudes hostiles, palabras cortantes y retadoras, lo que un hombre como pareja tiene para dar. Una guerrera víctima, por el miedo a estar sola, se abre a todas las posibilidades, tanto si son o no amor, sin poner límites, aceptando de su pareja cosas que sabe que están mal y la hieren. Una guerrera sacrificada, por miedo a no perder su poder y libertad, acepta llevar la carga y todas las responsabilidades para no verse en la necesidad de comprometerse por el hecho de recibir tanto amor o recursos por parte de su pareja.

Mis arquetipos de guerrera me llevaron a intentar al menos 4 relaciones de pareja inconclusas. Entre las cuales perdí oportunidades con potencial, viví relaciones insatisfactorias y experimenté una sexualidad y sentimiento de vacío que me llevaban desde el miedo y el dolor, a querer seguir dejando y buscando.

Fue entonces cuando una prueba del Papanicolaou alterada me enfrentó al miedo a perder mi salud. Me hizo detenerme y analizar la realidad del uso erróneo de mi energía sexual, la cual muchas veces confundía con amor. En búsqueda de sanación, asistí a varias terapias para encontrar qué era lo que mi ser realmente estaba buscando con el vacío emocional que sentía y que llenaba con intentos de relaciones de pareja.

Fue entonces cuando comprendí, que más allá del sexo y el amor de pareja, existe el amor propio, el amor al trabajo, el amor a la vida, el amor a la familia, el amor a la vida. Y por lo menos en mi caso, no fue hasta que experimenté primero el amor en estas áreas de mi vida, que me pude sentir plena conmigo misma, para entonces complementar mi plenitud con alguien más. Cuando dejé de buscar lo que comúnmente nos enseñan del amor y me di la oportunidad de primero experimentar el amor, más allá de en una relación de pareja, fue cuando pude realmente abrir mi corazón.

Cuando empecé a vivir desde el corazón de la diosa, mi vida empezó a tornarse literalmente color de rosa. Pero, no porque alguien la hacía rosa, sino porque me propuse abrirme al amor en todas las áreas de mi vida, limpiar mi corazón y vivir la vida desde el corazón de diosa, que es puro amor. Así fue que descubrí y entendí mi esencia emocional. Me pregunto cuántas mujeres allá afuera estarán en espera de una pareja para experimentar el amor y sentirse plenas, sin darse cuenta de que tienen la posibilidad de experimentar el amor en todo lo que hacen. Y que solo así, cuando te vuelves amor desde el ser y el hacer, entonces el amor de pareja llega solo. Conocer lo que te voy a compartir en este capítulo ha sido clave para tomar consciencia y mantener mi salud emocional en equilibrio.

El amor, la medicina. El miedo, la trampa.

Como te comenté en otro capítulo, solo hay dos emociones base que provocan tus acciones y son el origen de las demás emociones que se experimentas: el miedo y el amor. Cuando una mujer actúa desde el miedo, yo le llamo actuar bajo el modo guerrera. Cuando una mujer actúa desde el amor, yo le llamo actuar bajo su modo de diosa. Sé que puede parecer simplista, pero desde la inteligencia emocional, se ha demostrado a nivel científico que cerebralmente hay solo dos vibraciones de onda que corresponden con dos emociones: amor o miedo. Todas las demás emociones se derivan directa o indirectamente de ellas. Emociones como temor, inseguridad, celos, odio, venganza, ira, desánimo, culpabilidad, inquietud, duda, decepción, agobio, frustración, impaciencia y pesimismo, son emociones de baja frecuencia que se experimentan debido al miedo. Mientras que emociones como la alegría, la pasión, el entusiasmo, felicidad, optimismo, esperanza y satisfacción son emociones de alta frecuencia energética que se experimentan gracias al amor. Cuando conoces este simple detalle, es mucho más fácil identificar la raíz de lo que sientes y trabajar en ello.

La emoción es como la gasolina de la acción. Te invito a analizar y darte cuenta de que siempre que actúas, estás motivada por una emoción. La emoción detrás de tu acción es muy significativa. No actuarás igual desde el miedo, que desde el amor. Por ejemplo, tal vez piensas que los celos son una demostración de amor. Realmente los celos son una preocupación o enfado. La realidad es que detrás de los celos lo que hay es miedo, miedo a perder a la persona, porque esa persona cubre una necesidad que tiene la otra, de sentirte querida, necesaria y respetada. La inteligencia emocional te ayuda a identificar estas cuestiones emocionales tan relevantes en tu vida. Para mí, conocer y aplicar la inteligencia emocional, tanto en mí como con mis pacientes, ha sido una pieza clave y esencial en el éxito que han tenido mis pacientes con sus tratamientos naturales. En mi caso personal, gracias a la aplicación de la inteligencia emocional he podido alcanzar mejor madurez emocional cada día.

Ante el miedo, nuestro cuerpo reacciona con el aumento de la presión arterial, nuestras pupilas se dilatan y el corazón bombea sangre a gran velocidad. Puedes sentir miedo al reaccionar a una amenaza real en tu entorno o en tus pensamientos. Si la emoción es la gasolina de la acción, el pensamiento es el fuego que inicia el uso de la gasolina, para realizar una acción.

Poner atención a tus emociones implica evaluar la raíz que las provoca. La reacción al entorno y el pensamiento son la raíz de las emociones. Así que, cuando sientas una emoción de baja frecuencia, detente a preguntarte a qué estas reaccionando o qué estás pensando que ha activado tu miedo. Desde el miedo, se te hará muy difícil tomar decisiones correctas, conectarte con tu creatividad y sobre todo, abrirte a la felicidad. El amor te dulcifica, el miedo te endurece. El amor te abre al universo, el miedo te encierra en ti misma.

Las investigaciones en neurociencia lo confirman. Cuando se siente amor, se relaja nuestro sistema más antiguo de supervivencia. Cuando hay miedo, se activa nuestro sistema de supervivencia, por eso yo le llamo activar a la guerrera. Diversos estudios han demostrado que el amor relaja la amígdala cerebral, ayudando a tomar decisiones con más calma y fortaleza. La amígdala cerebral es la zona del cerebro con más años de evolución. Es el lugar en el que se procesan las emociones básicas. En esta glándula, están codificadas partes de las respuestas más elementales ante el peligro: la huida, el ataque o el bloqueo.

La experiencia amorosa no se circunscribe únicamente a las relaciones con otras personas, sino también a través de los propósitos de vida que adquirimos. Por eso, cuando se cree en una causa o se lucha por algo que realmente llena, esto ayuda con más fuerzas a superar las dificultades. Es decir, el verdadero sentir del amor te ayuda a superar el miedo y a tomar decisiones más arriesgadas. El amor no es tangible, no se puede medir, pero tampoco se ama en una proporción fija, sino que, paradójicamente, cuanto más aprendes a aceptarte y a quererte, más capacidad tendrás de amar.

El psicoanalista alemán Erich Fromm ya lo explicó en su maravilloso libro *El arte de amar*, (Fromm, 1956) y así lo ha corroborado la neurociencia. Los seres humanos pueden incrementar la capacidad "amatoria" mejorando la autocompasión y la atención plena. Se ha comprobado que los monjes que practican regularmente la meditación tienen diferentes frecuencias de ondas alfa en el cerebro en comparación con el resto de las personas. Esto les hace ver la vida de un modo más amable, sin tantos prejuicios hacia lo que les rodea. Lo que supone una menor actividad de la amígdala y una mayor sensación de conexión con el resto de las personas. Básicamente aprendes a amar más, practicando técnicas para fortalecer tu respuesta a los miedos. Aprendiendo a aceptar y a no reaccionar a las circunstancias de tu entorno y callando tu mente para evitar pensamientos que activen tus miedos. Esto es lo que se practica con la atención plena. Lo primero que debes aceptar, es a ti misma. Los primeros pensamientos que debes evaluar son los generados por programaciones de tu niñez. En el capítulo 7 trabajaremos con esas técnicas.

El miedo y el amor, no solo tienen un efecto a nivel de reacción celular, sino también en el ADN. Como te había comentado, la Dra. Neurocientífica Candace Pert en su libro *The Molecules of Emotion,* explica el descubrimiento del receptor opiáceo, el cual hace que las células respondan a emociones y pensamientos. La frecuencia vibracional de las emociones puede activar o desactivar diferentes puntos del ADN. El miedo tiene una frecuencia de vibración larga y lenta activando solo ciertos puntos de nuestra cadena de ADN, mientras que el amor tiene una frecuencia alta y muy rápida, impactando en muchos más puntos y por ende extrayendo mayor energía y potencial de nuestro ADN (Pert, 1997).

La frecuencia del amor ha sido identificada con la tonalidad de 528 Hz. En el estudio de Akimoto & Yamaguchi se investiga cómo las "diferencias en la frecuencia de la música afectan al cuerpo humano" (Kaho Akimoto, 2018). Los resultados sugieren que la música, incluido el sonido de alta frecuencia, estimula la síntesis de dopamina y suprime la actividad del sistema nervioso simpático. Por otro lado, 432 Hz, conocida como 'A' de Verdi, es una sintonización alternativa que es matemáticamente consistente con el universo. La música basada en 432 Hz transmite energía curativa beneficiosa, porque es un tono puro de matemática fundamental para la naturaleza. Estos tipos de sonidos a distintas frecuencias son utilizados para apoyar la sanación tanto física, emocional y espiritual.

Lo que está claro es que no se pueden dar las dos emociones a la vez en el mismo instante: o vibras en el amor, o vibras en el miedo. Y es muy importante que entiendas que amar no es necesitar. La necesidad es una carencia que activa tu instinto de supervivencia. Cuando necesitas, aparece el miedo a perder o no tener. Entonces, no es amor, sino miedo.

Tu instinto sexual, no es amor

A falta de amor, el sexo es la otra más grande motivación para la acción. Pero, el impulso sexual no es una emoción, es un instinto. Cuando no has elevado tus niveles de conocimiento como para activar la consciencia del amor, es posible que la emoción que te lleve a actuar sea tu instinto sexual.

El instinto o deseo sexual es el más primitivo de todos. Incluso los animales lo tienen. Pero a diferencia del humano, todas las demás razas animales, por obvias razones, no pueden acceder al potencial de la transmutación de la energía sexual. Es por esto que simplemente nacen, crecen, se reproducen y mueren.

La transmutación de la energía sexual es una cuestión de conocimiento y consciencia. La consciencia es lo que dota al ser humano de su espiritualidad y lo que lo hace diferente a las demás especies. Es muy probable que desconozcas que tu impulso sexual puede ser canalizado hacia otros comportamientos creativos que trasciendan más allá de una simple expresión física. En este caso, hacia niveles más elevados de amor o creación.

La transmutación del deseo sexual no es más que la canalización del deseo por el contacto físico sexual hacia otro tipo de actividades más productivas y/o creativas. A mayor deseo o instinto sexual, mayor creativa puedes ser.

Cuando desarrollas la pubertad y llega tu primera menstruación es cuando posiblemente empieces a desarrollar tu instinto sexual. Es entre la adolescencia y la adultez temprana es que se experimentan el pico del impulso sexual. Tu primera menstruación marca el despertar de tu sistema reproductor y tu instinto sexual.

Para los hombres siempre ha sido más fácil la expresión de este impulso. En nuestra sociedad es más aceptada la expresión sexual del hombre, que de la mujer. Por ejemplo, es muy normal para los hombres hablar de masturbarse. Para las mujeres la masturbación aún hoy en día sigue siendo un tabú. Algunas, por no decir la mayor parte de las mujeres, llegan a su adolescencia reprimiendo su instinto sexual. Esta represión comienza desde que se enseña a las niñas a no tocarse o incluso cómo sentarse.

Sentarse con las piernas ligeramente separadas, en lugar de empujarlas torpemente juntas, es en realidad la mejor posición que podemos tomar para nuestra salud, especialmente porque los cuerpos de las mujeres ya están predispuestos a una postura que la cirujana ortopeda Bárbara Bergin describe como "*knock-kneed*" o en español "golpe de rodilla". En declaraciones a *The Sydney Morning*, Herald insistió en que sentarse como un hombre, o SLAM, como ella lo llama, puede ayudar a las mujeres a evitar el dolor en las articulaciones y, en realidad, es mucho más saludable para las féminas a largo plazo (Kiefer, 2019). Resulta que la programación -tanto por protección a las niñas como por profesionalismo- de sentarnos con las piernas cruzadas o juntas va en contra de nuestra anatomía femenina. Son mitos que solo tienen que ver con las expectativas de la sociedad sobre lo que realmente es una postura "femenina". Este y otros mitos como el de la virginidad, han llevado a la mujer hacia la represión de su energía sexual.

La simple idea de la virginidad como concepto de valía de una mujer ha llevado a muchas a reprimir su instinto sexual, como fue también mi caso. El miedo a perder mi valor como mujer por perder mi virginidad me llevó a conservar por mucho tiempo mi impulso sexual y aunque conservarlo es lo ideal, el hecho de haberlo hecho desde el miedo en vez del conocimiento yamor es la gran diferencia.

El concepto religioso de conservar la virginidad es una verdad mal contada desde el miedo. Como ya viste más arriba, no es lo mismo actuar desde el miedo que desde el amor. Con esto te invito a entender que, además del amor, tu instinto sexual es uno de tus más grandes poderes. Lo que te hace valiosa y poderosa, no es tu virginidad, sino el amor y el uso consciente que le das a tu energía sexual. Amor y energía sexual son los súper poderes de la diosa. Conservar tu súper poder para utilizarlo de forma consciente y a tu favor te hace poderosa. Desde el amor puedes entonces usarlo tanto para el placer sexual, como para crear vida, crear proyectos, crear ideas. Al final, tú decides cómo utilizar tu poder, pero hazlo desde el amor.

Para entender y poder explicarte que lo que te hace valiosa no es la virginidad y que tu poder es el uso consciente y desde el amor de tu energía sexual, tuve que experimentar los dos extremos no saludables: el de reprimir mi instinto sexual por miedos y el uso descomedido de mi energía sexual. Con el primero, los miedos me llevaban a experimentar bloqueos en el disfrute de mi sexualidad, terminando en pensamientos frustrantes como el de que por entregarme sexualmente ya no me valorarían. Con el segundo, llegué a experimentar relaciones donde solo satisfacía mi instinto sexual o el de mis parejas desde el vacío emocional.

Ambos extremos son igualmente dañinos y poco saludables, tanto para el cuerpo como para las emociones y el ser. Entendí que el balance correcto es utilizar el instinto sexual de forma consciente, idealmente desde el amor. El uso de la energía sexual desde el amor y la consciencia de su poder puede crear vida como también puede aportar sanación a ambos participantes y aportar en la creación de ideas. Es cuestión de usarlo inteligentemente.

Cuando la mujer no conoce su esencia y de qué está hecha, es normal confundir el impulso o deseo sexual con amor. Pero, ten claro que no son iguales, ni el cuerpo responde igual a ambos. En los años 90, un grupo de investigadores, liderado por la antropóloga Helen Fischer, analizó la ciencia que se esconde tras el deseo y el amor (Wu, 2017). Para hacer la investigación, dividieron el concepto del amor en: deseo, atracción y apego, siendo el apego, el amor real. Descubrieron que el deseo se alimenta por las ansias de satisfacción sexual y que libera hormonas como la testosterona y los estrógenos, incrementando la libido de las personas. Por otro lado, la atracción consiste en un tipo de encaprichamiento que va más allá del sexo. En esos momentos se liberan neurotransmisores como la dopamina y la norepinefrina, que pueden provocar sentimientos de alegría, pérdida de apetito y de sueño. Mientras que en el apego se liberan hormonas como la oxitocina y la vasopresina. Se considera a la oxitocina la hormona del amor.

Como ves, estas reacciones tienen un aspecto físico, mental y emocional. El deseo consiste en una conexión física, más breve, repentina y superficial. El deseo hace que tengas las ganas de acostarte con alguien. El deseo también gira en torno a ti y a tu necesidad física de saciar tu instinto sexual. El deseo se basa en una fuerte libido y se desvanece con el tiempo, mientras que el apego o amor es una conexión emocional. El amor se basa en el apego sano y es un lazo que se estrecha con el tiempo. El amor implica querer pasar tiempo con tu pareja y escuchar sus necesidades y sentimientos. Además de mostrar interés por conocer todo lo relacionado a esa persona, el amor se basa en una gratificación dilatada en el tiempo (Wu, 2017). En un artículo del periódico *Huffpost* donde se entrevistó a varios psicólogos para definir el significado del amor, según la psicóloga Janet Brito, el amor significa aceptación, el deseo significa indulgencia. Por otro lado, según la psicóloga Shannon Chávez, el amor se percibe como el anhelo y necesidad de unión con factores biológicos, socioculturales y psicológicos que determinan su desarrollo.

Pero mi definición favorita ha sido la de Iris Krasnow, autora del libro *Sex After: Women Share How Intimacy Changes As Life Changes*. Según Krasnow:

El amor implica permanecer juntos en un viaje largo, cuando el que manda es el deseo, la otra persona puede entrar y salir de tu vida en una sola noche, literalmente. El amor se basa en un compromiso profundo y en la entereza. El deseo se basa en el anhelo por las partes íntimas y suele terminar en relaciones sexuales insatisfactorias. El amor es la relajante luz de un piloto que, si se abastece de forma apropiada, puede mantener viva una relación durante toda la vida. El deseo puede convertirse con el sexo en una enorme hoguera, pero sin una verdadera relación, acaba convertida en cenizas (Borresen, 2018).

Cuántos malos ratos y emociones tóxicas tal vez nos hubiéramos evitado al conocer esto desde pequeñas o tal vez evitar el uso inconsciente de la energía sexual que es parte de la vitalidad física. Lo importante es que recuerdes que siempre estás a tiempo para regenerarte. Recuerda que amor es lo que ya eres y que un corazón puro, lleno de amor, es tu esencia emocional. Cuando reconoces esta verdad, con paciencia y auto cuidado, vas regresando a esta verdad en todos los aspectos de tu vida. Tu eres quien al final le pones definición a cómo manifiestas el amor. Es así cuando vas rescatando tu corazón de diosa. Las herramientas para hacerlo, las compartiré en el capítulo 7.

Amor propio y amor de pareja

Amarte a ti misma de forma consciente no es sinónimo de egoísmo, vanidad o soberbia. Se trata de estar en plenitud contigo misma y proyectar eso al exterior. Cuando no reconoces que eres amor ni cómo se practica el amarte a ti misma, te encuentras con situaciones en donde por bien o por mal aprenderás la lección de amor propio.

No es que aprendes a amarte, sino que aprendes a reconocer que ya eres amor y que tu corazón y esencia emocional es puro en amor. Me gustaría que abandonaras los clichés de que lo que te falta es amor propio, ya tienes en ti todo el amor del universo. Lo que te falta es conocimiento y reconocimiento de tu esencia natural que ya es amor. Cuando reconoces esta verdad, entonces evitas practicar las cosas que van en contra de tu esencia de amor.

Recuerda que tienes un yo superior que buscará siempre la forma de ayudarte a comprender esta verdad. Puede que mientras más te niegues a tu verdad, más dura sea tu experiencia para poder reconocerla. Cuando llegan esas experiencias, no se trata de ser guerreras, sino diosas. La diosa, desde su intuición y amor, comprende que cada experiencia viene a aportar crecimiento y busca la forma de aceptar y trabajar con las circunstancias para aprender y crecer. Te digo esto desde la experiencia porque cada cosa que experimenté en mi vida, dura o difícil, simplemente me enseñaba a reconocer mi esencia en amor y a vivirla. Vivir desde el amor, es ser una diosa.

A veces tenemos que perder algo para aprender a amarnos. Así fue en mi caso. Experimenté el miedo a perder mi salud, y fue así como aprendí a amarme más. Recibir un resultado del Papanicolaou positivo de alto riesgo del papiloma humano a mis 28 años fue como un balde de agua fría que llegó a despertarme de un sueño. Aunque en mi niñez tuve desequilibrios metabólicos, nunca había enfrentado cara a cara el diagnóstico de algo que no andaba bien con mi cuerpo. Mi cuerpo nunca experimentó síntomas, más allá de dos infecciones de orina esporádicas que aparentaban ser normales. Me enteré al instintivamente ir a hacerme unas pruebas de rutina al ginecólogo. Lo más alarmante fue, que cuando salí de mi cita, para el ginecólogo todo estaba bien. No me recetó nada y me dijo que volviera en seis meses a repetirme la prueba. Se trataba del VPH de alto riesgo. Contrario al VPH de bajo riesgo, con el de alto riesgo no se detecta ninguno de los tipos del virus y no hay síntomas físicos como las verrugas. Se trata más bien de la presencia de células pro inflamatorias, que en un futuro han demostrado que pueden causar cáncer cervical.

Según la medicina convencional, la mayoría de las infecciones por VPH desaparecen por sí solas y no causan cáncer. Pero cuando una infección por VPH de alto riesgo dura muchos años y no se toman acciones preventivas, puede provocar cambios en las células. Si estos cambios no se tratan, pueden empeorar con el tiempo y convertirse en cáncer. Ese era mi riesgo. Interpreté desde mi intuición que esto simplemente era una señal de alarma. Sentí cómo mi ser me decía que esto me mostraba algunas cosas que tenía que ajustar hoy, para que en un futuro no sufriera otras consecuencias. Aunque sí tuve miedo, recordé mi modo diosa, y con calma y desde el amor, tomé responsabilidad por el diagnóstico y empecé a buscar en mi baúl de herramientas.

Conociendo ya sobre salud holística, tuve que detenerme a preguntarme, ¿qué estaba haciendo mal con mi cuerpo, mis emociones y mi energía vital? ¿Por qué aun teniendo un estilo de vida sano, tuve ese diagnóstico? Identifiqué que se trataba de aspectos emocionales más que físicos. Fue entonces cuando a través de la técnica de biodescodificación emocional, entendí dónde estaba la raíz del problema. Se trataba de un conflicto emocional relacionado a mi percepción del amor y los intentos de relaciones de pareja que tuve, lo cual me había llevado a utilizar incorrectamente mi energía sexual, y el diagnóstico fue la consecuencia.

Para la biodescodificación emocional, un virus representa la sanación de un conflicto. Según la escuela de biodescodificacion de Lisa Bourbeu, cuando un virus ocasiona una enfermedad, ello es una indicación de que la persona se deja invadir por una forma-pensamiento (un elemento) que creó y que le impide ser ella misma. Ella explica que para que el ser humano se deje invadir así en su cuerpo emocional y mental, debe existir algún fallo, y se produce cuando la persona mantiene algún rencor o ira. Por lo que, el virus se manifiesta para ayudarle a tomar consciencia de cuál es ese rencor o ira que le enferma.

Desde el punto de vista de Louise Hay, la causa probable de las infecciones víricas es la falta de amor y de alegría, relacionada con la amargura y sentirse furioso por la falta de amor. Por otro lado, según el diccionario de biodescodificación de Joan Marc Vilanoba, el conflicto detrás del virus de papiloma humano es una imposibilidad de copular o una pérdida de territorio (Pujo, 2016). Según la versión más actualizada de este mismo diccionario el conflicto está relacionado con la perdida de territorio, pero también con la separación y suciedad. El sentido biológico del virus es reconstruir la pérdida de tejido en el conflicto de cuello del útero o del pene y en la fase de reparación de cáncer de cuello uterino. Explica, además, que, si persiste y aumentan los síntomas, es que no se supera la fase de curación y el conflicto sigue activo.

Así que tenía razón mi intuición. Este proceso me estaba enseñado y ayudando a reparar un conflicto relacionado con mi sexualidad, el amor y las relaciones de pareja, el cual, si no identificaba y superaba, persistiría, evitando la curación completa. Con este conocimiento me embarqué a una introspección muy profunda sobre mis emociones y mi percepción mental relacionada a cómo había experimentado mi sexualidad y el amor en mis relaciones de pareja.

En mi autoevaluación comprendí que sí había experimentado amargura en el amor y me sentía furiosa conmigo misma, pues no había podido entablar una relación amorosa estable. Comprendí que también había tenido separaciones "sucias", ya que había cerrado capítulos de forma poco saludable, había experimentado pérdida de territorio al creerme rechazada y sustituida, también experimenté engaños y en todas mis relaciones había experimentado la falta de copulación, porno disfrutar el acto sexual. De modo que, comencé un viaje de auto sanación donde trabajé tanto el perdón a mí misma como a mis exparejas. También trabajé con mis percepciones de cómo habían terminado las relaciones. La percepción es clave, pues a veces el cómo percibimos las cosas, nos hace crear una película dramática de los eventos, que es lo que causa que vivamos el conflicto a tal grado que enferma. Trabajé también con el amor propio logrando verme al espejo, diciéndome cosas hermosas.

Ayudé a mi cuerpo a sanarse y a recuperar su energía vital realizando ayunos y limpiezas y duré un año y seis meses sin tener ningún tipo de relación sexual. Fue así cuando sané tanto física como emocionalmente. Al escribir este libro, a mis 30 años, puedo decir que experimento una relación de pareja sana, en amor, consciencia y disfrute. Me siento valorada y puedo abrirme sin miedos ni conflictos a dar y recibir amor y placer. Y no se trata de la persona con quien estoy, se trata de mí. Estoy muy segura de que sea quien sea que esté a mi lado, voy a experimentar una relación de amor y de consciencia porque eso es lo que soy, ya lo he reconocido y he trabajado para ello. A eso yo le llamo recuperar el corazón de la diosa. Y a eso, es a lo que te invito en este capítulo. Cuando vives y vibras en amor, y has limpiado tus relaciones, especialmente la relación contigo misma, entonces atraes a tu vida lo que vibra igual a ti.

Amor en tu carrera profesional

Nuestra sociedad está hecha para que, a través de hacer alguna función, obtengas la remuneración con la cual podrás tener dinero. Tu carrera profesional es muy importante, ya que tomará mucho del tiempo que experimentas en esta vida. Según una encuesta de Andrew Naber, la persona promedio gastará 90,000 horas de su vida dedicadas al trabajo. Ese número puede significar tanto horas de plenitud y salud, como horas de estrés e inconformidad, de acuerdo a las decisiones que tomes.

Una encuesta realizada por Omidyar Network, a 6,600 personas en Estados Unidos, reveló que menos del 50% de los trabajadores se sienten felices en sus trabajos. De modo que, más de un 50% están infelices e insatisfechos con su empleo o carrera profesional. Aunque puede haber muchos factores sociales detrás de este resultado, es una evidencia de cómo la sociedad refleja, el desconocimiento de la importancia de manifestar plenitud y amor en esta área de la vida y cómo esta decisión puede armonizar o desequilibrar tu salud.

En una encuesta del Instituto Americano del Estrés, el 83% de los encuestados reveló que su estrés estaba relacionado al trabajo. Desde mi interpretación, y luego de haberme dedicado algún tiempo a ofrecer *coaching* de Inteligencia Emocional Holística para el manejo del estrés, el estrés laboral no es otra cosa que la falta de amor en tu carrera profesional. A muchos no les gusta el trabajo que hacen, otros se obsesionan tanto con su ámbito profesional que no pueden mantener un equilibrio entre el trabajo y el disfrute. Cuando no experimentas el amor en balance en esta área de tu vida, tu ser te lo expresará con emociones de insatisfacción, estrés, inconformidad y amargura. Estas emociones desequilibrarán tu energía vital hasta enfermar. Padecimientos gastrointestinales, problemas del corazón, asma, diabetes, depresión y fatiga son algunas de las condiciones relacionadas al estrés.

¿Alguna vez has sentido inconformidad con tu aspecto profesional? Tu inconformidad es porque comprendes que hay aspectos en tu área profesional que debes trabajar. El arquetipo de guerrera también puede llevarte a bloquear el amor en tu carrera profesional. A nivel profesional, la guerrera busca incansablemente alcanzar metas profesionales, de éxito y de dinero, en su afán por pertenecer, ser aceptada o ser reconocida, dejando atrás los sueños y anhelos de su ser, pues piensa que no serán económicamente prósperos.

La guerrera en la ignorancia de su esencia mental y su poder creador tiene miedo a la escasez. Da por sentado la abundancia que ya tiene a su alrededor y cree que los recursos materiales solo llegarán por sus méritos propios. No reconoce que las cosas se pueden manifestar de otro modo, así que gasta su tiempo, energía vital y recursos en hacer y alcanzar cosas materiales, hasta que se da cuenta que está enferma o que ha dejado de invertir su valioso tiempo en hacer las cosas que siempre deseó desde de niña.

La guerrera ha olvidado que debe poner amor también en su carrera profesional. Muchas han adquirido arquetipos de guerrera, debido a que se les ha hecho pensar que para ser alguien en la vida como mujeres tienen que ser profesionalmente como el hombre. Les han hecho creer que de la única forma en que valen es luchando para alcanzar "igualdades" que son realmente el resultado de programaciones que buscan separar. No se dan cuenta de que están actuando desde el miedo o la ira.

Como mujer te invito a no perder tu tiempo y energía en esas luchas. Reconoce que ya eres valiosa y que no tienes que demostrar nada. Con el simple hecho de hacer las cosas desde el amor, ya lograrás alcanzar grandes resultados que hablarán por sí solos de tu potencial y poder. Como mujeres, debemos enseñar al hombre a liderar con amor y no buscar igualar los roles y actitudes machistas que son características del hombre dormido y programado, para sentirnos valoradas. Debemos empezar a experimentar más amor por lo que hacemos profesionalmente. Pienso que esta será una mejor estrategia para triunfar en este ámbito.

Te hablo desde mi experiencia. Yo también fui guerrera en el aspecto profesional. Experimenté fatiga y estrés trabajando en campos profesionales fuera de mi pasión por la medicina natural. Aunque siempre he amado el campo de las ciencias, la biología y la medicina, por circunstancias de la vida —mayormente influencias de mi padre— empecé mis estudios profesionales fuera del campo que me apasionaba. Mucho antes de ser naturópata licenciada, mis primeros estudios fueron en administración de empresas con enfoques en mercadeo, finanzas y logística.

A mi corta edad de 24 años, ejerciendo en empleos relacionados a la banca, el servicio al cliente y el mercadeo, comprendí que algo no andaba bien. Empecé a subir de peso, sentía fatiga, estaba siempre cansada, con falta de energía y desánimo, e incluso experimentaba un dolor extraño en el abdomen. Estos síntomas me llevaron a visitar al médico, luego de varios estudios donde no encontraron nada, el diagnóstico final del doctor fue que tenía estrés. Resulta que no me ofreció ningún tipo de ayuda y herramienta. Así me fui con mi diagnóstico a buscar qué rayos era el estrés y porqué lo estaba padeciendo tan joven.

Aprendí que el estrés se trata de una respuesta fisiológica normal que el sistema activa ante la presencia de cosas que se perciben como miedo. Cuando éramos humanos primitivos, el miedo se experimentaba esporádicamente ante la presencia de animales que podrían atacarnos. Sin embargo, ahora en la sociedad moderna y civilizada, el estrés se experimenta ante situaciones que consciente o inconscientemente activan las respuestas del miedo. Percepciones sobre el trabajo, el desempleo, la crisis y el dinero son la mayoría de los factores estresantes hoy en día. Estos factores permanecen de forma continua, generando desequilibrios químicos y metabólicos que empiezan a crear el terreno ideal para la enfermedad.

De esta manera identifiqué que mi problema era que estaba en un campo profesional que no me gustaba. Tenía que regresar de alguna forma a ejecutar lo que desde el principio me apasionaba. Así que mientras trabajaba en el área de empresas, busqué la forma de ejecutar en mi tiempo libre, las actividades en el área de salud y bienestar, que era lo que me apasionaba. Entonces, me certifiqué como instructora de Zumba, instructora de *Rebounding* y *coach* en Inteligencia Emocional Holística. Mientras trabajaba, en mi tiempo libre ofrecía clases grupales o secciones de *coaching* individuales. Eso me empezó a dar mucha satisfacción.

Poco a poco fui buscando la manera de dedicarme por completo al campo de la salud. Fue entonces, cuando gracias a un naturópata, conocí la oportunidad de estudiar ciencias naturopáticas y licenciarme para ejercer la naturopatía. Me enamoré de los conceptos naturistas. Leyendo sobre el estilo de vida naturista, pude reconocer que, sin darme cuenta, estuve practicando los conceptos que esta ciencia enseña y que fueron claves para recuperar mi cuerpo, corazón y mente de diosa. Los conocimientos que adquirí en administración de empresas, ahora los utilizo en mi empresa dedicada a la salud y bienestar natural. Así que por eso digo que nada en la vida ocurre sin un propósito.

No quiere decir que el estrés desaparecerá por completo al realizar profesionalmente tu pasión, pero puedo decir que se experimenta muy diferente. Cuando haces lo que realmente amas y vives tu esencia del amor en tu carrera profesional, no hay espacio para el miedo. Las circunstancias se enfrentan diferentes, desde la sabiduría, el amor y la intuición para resolver las situaciones de forma casi mágica, sin importar cuán grandes sean.

El amor en tu carrera profesional y a lo que haces es la fuerza que te mueve a seguir y no rendirte, no importa cuán duras sean las situaciones que enfrentes. Y hacerlo de una forma equilibrada y desde la confianza plena de que será un éxito. Pienso que este es uno de los aspectos más relevantes de tu vida. Tu carrera profesional tiene que ver con la expresión diaria de lo que eres y lo que haces, para alcanzar lo que tienes o quieres. Al menos en mi caso, hasta que no armonicé este aspecto de mi vida, no me pude sentir plena con lo que soy, lo que hago y la manera en la que obtengo las cosas, y mucho menos poder sentirme plena, para poder compartir la plenitud con alquilen más. Mi invitación hacia ti en esta sección es a vivir el amor en tu carreta profesional. A esto le llamo, vivir tu carrera profesional desde la diosa.

Amor a la familia

Si has tomado un camino espiritual, la sanación de tu núcleo familiar es esencial. El camino de ser una diosa nunca termina. Siempre encontrarás en la vía, migajas o basuritas que seguir limpiando para seguir regresando cada vez más a tu esencia pura del amor incondicional. Cuando haya el más mínimo espacio de emociones de baja frecuencia, tu ser te dará las señales para que las trabajes. En mi caso, de pronto me encontré con que tenía que trabajar con la raíz de mi falta de confianza.

Autoconfianza y amor propio no es lo mismo. Sin embargo, la raíz de la autoconfianza es el amor. Según el diccionario de la Real Academia Española, "confianza es la seguridad que alguien tiene en sí mismo" (RAE). Yo no era el mejor ejemplo de seguridad y confianza, mucho menos para asuntos emocionales. Una persona segura de sí misma emocionalmente tiene la capacidad de expresar de forma asertiva lo que quiere y siente.

Tal vez siempre he tenido muy claro lo quiero, pero expresarlo era aterrador para mí, especialmente cuando se trataba de pedir algo a mis padres o expresarme en mis relaciones de pareja. Como nunca me gustó la discusión, ya que me causaban mucha ansiedad, para evitar cualquier diferencia de opinión o criterio que causara una discusión prefería poner los intereses de los demás por encima de los míos, o simplemente huía. Complacer a las personas se volvió un hábito tan común, que sin darme cuenta me convertí en una "*peoplepleaser*" o en español, una complaciente. Una persona complaciente, a menudo hará todo lo posible por complacer a alguien, incluso si eso significa quitarse su valía. Las personas que complacen actúan como lo hacen, debido a sus inseguridades y falta de autoestima.

Cuando no has trabajado con tu seguridad y autoconfianza experimentarás mucha incapacidad para tomar decisiones por miedo a equivocarte. En mi caso, por mucho tiempo, antes de tomar una decisión, preguntaba y pedía ayuda a personas cercanas a mi alrededor y terminaba tomando decisiones por lo que me decían, no necesariamente por lo que me convenía o yo quería. Estaba totalmente desconectada de mi corazón y de mi intuición.

Otro síntoma de la falta de seguridad y autoconfianza es la gran susceptibilidad a las críticas, ya que se sienten como constatación de la poca valía personal. Aceptar las críticas, tanto negativas como constructivas, me tomó algún tiempo. La buena crítica o halagos no los creía del todo y cuando alguien criticaba o ponía en duda mi valor como persona o como profesional, me sentía muy deprimida. Por ejemplo, en la universidad o ambiente laboral prefería no expresar mi punto de vista por miedo a ser criticada. Cuando la inseguridad se experimenta con miedo a la crítica y al rechazo, simplemente te reprimes, o haces cosas que no quieres para complacer a los demás y sentirte aceptada.

Poner primero a los demás por miedo y no por amor es un grave error. Genera frustración y un sentir muy horrible de que te sientes utilizada. No es lo mismo que desde el amor y el sentir de la compasión decidas ayudar a alguien. La compasión es una de las emociones más hermosas y de alta frecuencia. Es muy importante evaluar desde qué emoción estás poniendo primero a los demás, si desde el amor o desde el miedo a ser rechazada. Hay una gran diferencia en cómo te sientes tú y las realidades que vas creando. En algún momento me creí que para ser aceptada tenía que dar sin recibir. Dar de mi tiempo, mi dinero, mi esfuerzo y mi trabajo. ¡Cuántas cosas regalé!, y no necesariamente desde el amor, esperando recibir a cambio cosas que nunca llegaron. Cuando das sin recibir, rompes con el equilibrio de estas dos energías que tienen que ver con la percepción de tu valor. Cuando das sin recibir, te agotas energéticamente.

Como mujeres, fisiológica y energéticamente estamos hechas para recibir. El útero es un órgano físico y energético que por su forma de vasija actúa como receptor. Consciente o inconscientemente la mujer siempre está energéticamente recibiendo, captando y almacenando energía en su espacio uterino. Pero en este caso, cuando desde la inseguridad solo das y no recibes, energéticamente el vacío se torna cada vez más grande. Sin darte cuenta, cada vez se hará más grande el vacío a llenar y buscarás desesperadamente llenarlo con cualquier cosa. La mayoría de las veces, cosas no muy sanas como el alcohol, el sexo, la comida en exceso, entre otros.

Cuando desperté y entendí que mi vacío era tan grande que llegué a entregar mi cuerpo y mi energía sexual por complacer a mis parejas para sentirme "llena" y aceptada, entonces decidí buscar herramientas. Buscando herramientas para trabajar con mis conceptos de valor, seguridad y confianza me llevé una gran sorpresa. Descubrí que tenía que devolverme en el tiempo, a trabajar con mi niñez, pues fue en mi infancia y en la relación con mis padres que creé la primera percepción de lo que yo valía. En aquel momento, bajo esa percepción se fue desarrollando poco a poco mi inseguridad y falta de confianza.

La relación que tienes con tus padres y la percepción que creaste cuando eras niña de ellos, es muy importante para el desarrollo del corazón de la diosa. Sanar con la madre y el padre es como sanar tus alas. Si no hay una relación sana con mamá y papá, las alas no se desarrollan o están muy pequeñas o débiles. Si falta la sanación con alguno de los dos, entonces hay un ala y la otra no.

En su libro *Mujer Ave,* Ximena Nohemí, psicóloga y psicoterapeuta, explica que la mujer solo puede volar -crear su propia vida y desarrollarse- una vez que ha internalizado y enraizado en sí misma la fuerza de sus antepasados (Hernandez, 2019). Tus alas crecen fuertes y sanas cuando has sido tratada con amor y cuidado en tu infancia, de lo contrario te tocará a ti reconstruirlas. Reconstruir tus alas en un proceso de sanación por ti y para ti misma. Es lograr que te sientas plena y en paz con lo que tus padres fueron y te ofrecieron. Aceptándolos desde el amor, el perdón y la compasión. Tus padres no necesariamente tienen que participar del proceso. Cuando tú haces el trabajo de limpieza y reconstrucción de tus alas, que empieza con aceptar, luego perdonar, amar y finalmente mirar a tus padres desde la compasión, energéticamente todo empieza a fluir y moverse.

Debes entender y recordar que fuiste tú quien escogiste manifestar la vida a través de ellos y que no importa cuáles fueron tus circunstancias con ellos, el haberlos escogido como dadores de tu vida, tiene un gran propósito. Ellos vienen a facilitarte el trabajo de crecimiento y desarrollo espiritual, o tal vez, vienes a vivir con ellos experiencias que te harán evolucionar como ser. Sea cual sea el propósito, lo irás descubriendo, a medida que empieces el camino de limpieza y sanación.

En mi experiencia tuve que primero aprender a aceptar a mi madre. Puedo decir que, en un pasado, aunque la amaba con todo mi corazón, y le agradecía tanto su cuidado, aceptarla era muy retador para mí. Desde pequeña mi madre no era el modelo de mujer que yo quería seguir. Yo no quería imitar una relación como la que ella tenía con mi padre. Por muchos años de mi vida percibí a mi mamá como una mujer débil, sumisa, colérica, que profesionalmente no podía valerse de ella misma y que no lograba ser consistente en las cosas que empezaba.

En mi adultez, con la separación de mis padres, comprendí que mi mamá, en su relación con mi padre, vivía bajo muchos miedos. Miedos que la llevaban a limitar su potencial como mujer y a convertirse en el tipo de guerrera víctima, que dejaba todo pasar por alto y en manos de Dios. Aunque mi papá nunca le maltrató físicamente y siempre proveyó económicamente en casa, mi mamá sufría mucho y aguantó mucha angustia emocional, debido a las actitudes machistas y las infidelidades de mi padre. Para mi mamá y muchas mujeres de su época aguantar todo eso era normal, la excusa eran los hijos y el sustento económico. Lo vivieron mis abuelas, y aun lo viven algunas de mis tías. Yo no entendía cómo eso era posible. A pesar de enseñarme sobre valores, cuidado del hogar y cocina, mi mamá me pasó muchas de sus frustraciones y miedos.

Mi falta de confianza e inseguridad, no solo venían de no sanar mi relación con mi mamá, sino que también ella fue por mucho tiempo una mujer insegura para tomar decisiones arriesgadas y tener la voluntad de crear su propia vida. Todo tenía que ver con sus miedos. Miedos que también heredé de forma inconsciente.

Mi madre se había casado muy joven, a penas a sus 22 años, con su primer novio, mi papá. Así como muchas latinas, cargaba con muchos tabúes y programaciones culturales de mi país. Se dedicó, como le habían dicho y enseñado, a cuidar del hogar, cuidar los hijos y cuidar de mi papá, dejándose a ella misma siempre para el final. Pasó por muchos altercados emocionales, tanto con mi padre como con la familia de él. Incluso cuando ella me esperaba en su vientre, su embarazo fue angustiante. En aquel momento mi papá no le aportaba la seguridad, el cariño y cuidado que una mujer en su estado necesita recibir. Luego de un matrimonio de más bajas que altas, cumpliendo 27 años juntos, después de que mi hermano y yo cumplimos mayoría de edad, ella decidió alzar su vuelo.

Fue cuando decidió irse de la casa y rehacer su vida, que me tocó experimentar su ausencia. Fue en su ausencia que pude experimentar lo importante que ella es en mi vida y comencé a sanar mi relación con ella. Luego de visitarla en su nuevo hogar, empecé a notar como en tan poco tiempo, logró vencer muchos de sus miedos. En dos años había logrado todo lo que nunca hizo: independizarse, trabajar, tener su propio auto y sobre todo ser ella misma. Ella brilla de felicidad, su semblante es otro. Por fin pude ver en ella, la mujer que realmente yo estoy segura de que escogí para venir a este mundo. Por fin me pude comunicar mejor con ella. La relación entre ella y yo pasó a un nivel hermoso. Eso me dio mucha plenitud, me llenó de mucha fuerza. Había podido verla tal cual ella es sin sus miedos: segura, confiada y empoderada. Pero mi sanación con ella, no se trata de los logros de ella, sino que yo empecé a verla desde la aceptación, el amor, y la compasión, y desde entonces todo empezó a transformarse. Cuando acepté a mi mamá, energéticamente muchas cosas cambiaron para bien y mejor. Entonces entendí, que ya había sanado.

La madre es la gran puerta de la vida y el primer umbral que somos invitadas a atravesar en nuestro camino de sanación. Cuando sanas la relación con ella, todo posterior proceso curativo o de desarrollo personal se torna fructífero. Reordenar este vínculo primario es el gran paso para luego reacomodar la relación con el padre. Sanar la relación con la madre es también un camino hacia la sanación de la herida con lo femenino. Ya antes de nacer, la madre nos da la primera experiencia de cariño y sustento. Ella es nuestro más potente modelo del papel femenino. De ella aprendemos qué es ser mujer, así como el cuidado de nuestro cuerpo.

Durante la gestación, nuestras células se dividieron y desarrollaron al ritmo del corazón de nuestra madre. Todo nuestro cuerpo fue alimentado y conformado por su sangre. Sangre que estaba llena de sustancias neuroquímicas formadas como respuesta de lo que ella se alimentaba, pero también de sus pensamientos, creencias y emociones. Por lo tanto, desde el tipo de vínculo que estableces con la madre a partir de su vientre, adquieres los cimientos principales sobre los cuales te sostienes para crear tu vida adulta. Ximena Nohemí nos explica en su libro Mujer Alas, que sanar con la madre es "maternarse". "Maternarse" significa ser madre de sí misma y de la propia vida, ejerciendo cualidades de nutrición, cuidado, contención, respeto y compasión, hacia ti misma y hacia los espacios de la existencia (Hernandez, 2019).

En la madre se desprende la relación que mantienes con tu cuerpo, con el mundo, con la comida, la relación que mantienes en otras relaciones. Recordemos que es la madre la primera que te alimenta y conforme haya sido ese alimento, será la nutrición en forma de energía que tendrás para enfrentar la vida. Los psicoterapeutas en el campo de las Constelaciones Familiares explican que el dolor, el bloqueo o carencia de dicha energía, se arrastra de generación en generación. Si no logras encontrar respuestas con tu mamá, debes buscar hacia atrás. Qué experimentaron tus abuelas y bisabuelas. Sanar tu linaje femenino. En el capítulo 7 hablaré con más detalle de cómo empezar este proceso.

Los bloqueos con mi mamá fueron en un nivel básico en comparación con los que he tenido con mi papá. Los bloqueos con mi papá fueron a nivel extremo. Aceptar y amar a mi papá ha sido uno de los retos más grandes que escogí en esta vida. Dicen que para las niñas el padre es el primer amor y que esta relación será ejemplo para sus relaciones de pareja futuras. En mi caso, puedo decir que realmente me enamoré de mi papá a mis 29 años, y que este hecho sí ha marcado un antes y un después en el tipo de hombre que atraigo a mi vida y en mi vida profesional.

Por un momento de mi vida, en mis relaciones sentí que atraía el mismo tipo de hombre. Hombres que no me respetaban emocionalmente, no me valoraban o no me aceptaban, y que mucho menos sabían amarme. En algunos intentos de relaciones, experimenté infidelidad. Me sentía como si yo no fuera suficiente. También a nivel profesional, sentía que tenía un mismo patrón de empezar cosas con mucho ánimo y no terminarlas. Como que me faltaba una fuerza para completar las cosas y poder tener el éxito de lo que había emprendido a nivel de mi profesión y negocio. Me sentía estancada y frustrada, tanto a nivel de mis relaciones como profesionalmente. Como siempre, indagué las razones que me llevaban a estos patrones en mis relaciones de pareja y vida profesional y resulta que la raíz tenía que ver con la relación de padre e hija.

Desde pequeña me costó aceptar y amar a mi papá, pues lo estaba mirando más como hombre que como padre. Por mucho tiempo vi a mi padre desde los ojos de mi madre y lo que él como hombre en su inconsciencia y programación cultural machista hacía. Siempre tuve el pensamiento de no querer un hombre como él y sin darme cuenta era lo que siempre atraía a mi vida en mis relaciones de pareja. Aunque no a su nivel, siempre me encontré compartiendo con parejas muy similares a mi padre en uno o varios aspectos.

La rabia, ira o coraje que yo sentía por la figura hombre que representaba mi padre, me impedía ver la figura paterna que él representaba en mi vida. Aunque sí tengo que decir que fue un padre ausente emocionalmente y que eso ha sido un factor determinante en mi seguridad y confianza como mujer. Poco a poco fui entendiendo desde la compasión las razones detrás del comportamiento de mi papá, y aunque desde mi nivel de consciencia muchas cosas no se justifican, aprender a verlo desde el amor y la compasión es muy gratificante.

Mi papá también se casó muy joven, a sus 24 años. Se dedicó a ser un proveedor. Su enfoque principal fue trabajar para darle a su familia lo que él entendía era necesario: dinero, casa, comida, transportación y educación. Sin embargo, emocionalmente se ausentó, y cuando hacía presencia, sus actos eran más bien de juzgar, criticar, regañar o manipular. Una de las cosas que más rabia me daba de mi padre era que cuando no seguíamos sus reglas o criterios, nos amenazaba con quitarnos el celular o dejarnos sin vehículo. Eso desde mi percepción era manipulación y me hacía sentir muy impotente. Mi papá a pesar de ser un hombre muy sensible, al cual le gustan los niños, en mí y mi hermano inconscientemente sembró muchos miedos con su manera de ser y tratarnos. Se me hacía muy difícil comunicarme abiertamente con él, por miedo a sus reacciones. Luego comprendí que a mi papá se le hacía muy difícil comunicarse y relacionarse con amor. Se debía a que su crianza estuvo marcada por maltrato físico y emocional de parte de su padre y que, siendo el hijo mayor, tomó mucha de la responsabilidad de su familia.

Mi padre, tenía una de sus alas rotas, no había sido tratado con amor y por eso no sabía hacerlo. Se le hacía difícil dar y recibir un beso o abrazo. Fue entonces cuando empecé a entender sus actitudes desde la compasión. Comprendí que su falta de afecto no tenía que ver conmigo, sino con sus experiencias dolorosas muy profundas. Además, entendí que su forma de amarnos era llenarnos de cosas materiales y que no nos faltara nunca nada.

Lo que viví con mi padre se define como una relación de abandono emocional. Dicen los psicólogos que una relación de abandono emocional con el padre en la primera infancia o en la pubertad puede provocar que mujeres exitosas en diversas áreas, tengan vidas desastrosas en relación con el amor, pareja y todo lo concerniente a lo emocional. Explican que con un padre emocionalmente ausente cuando niña, tú solo sientes o intuyes que no te aman, y de esta manera desarrollas comportamientos basados en las conductas de los otros hacia ti, lo que te hace vulnerable a las críticas y te lleva a no poner límites sanos cuando se trata de recibir el amor. Como dice Don Miguel Ruiz en su libro, *La Maestría del Amor*,(Ruiz, 2001) cuando no comprendemos que ya tenemos una cocina mágica que nos permite obtener cualquier cantidad o tipo de comida que deseamos, a falta de comida veremos la pizza como una gloria y la aceptaremos no importa las condiciones que traiga. En esa analogía, la comida es el amor. Al sentirte vacía en amor, por el desconocimiento de tu verdadera esencia, aceptas condiciones no saludables a cambio de amor.

Según la psicoterapia, el vínculo entre padre e hija es determinante para tu vida como adulta. Un vínculo sano contribuye al desarrollo de una mujer con autoestima, consciente no solo de su belleza, sino también de su valía. Por el contrario, si la relación no es buena, puede que aquella niña se vuelva desconfiada y repleta de complejos. Una de las características más comunes en mujeres de padres afectuosos es la seguridad a la hora de tomar sus decisiones y con la seguridad viene la confianza en uno mismo. No se tiene miedo a expresar las opiniones y a rechazar a malos candidatos. Los psicólogos explican que, de hecho, una niña debe haber tenido una "aventura idílica" con su padre para poder fortalecerse en su autoestima y su autovaloración, de cara a su vida afectiva adulta.

El padre tiene un impacto definitivo en la vida de la niña que crecerá sintiéndose segura de sí misma, amada por su papá y respaldada por él para enfrentarse al mundo y a las relaciones interpersonales fuera de su familia. Tu padre representa la concreción de los proyectos de tu vida, tal y como el hecho mismo de la fecundación. Hablando de la herida paterna esta tiene que ver con la confianza básica y con la confianza en el fluir de la vida. Tiene que ver con el equilibrio de tu energía masculina. La energía masculina es pura fuerza, valentía y decisión. Se identifica con la mente racional y está regida por el hemisferio izquierdo del cerebro, que es el del análisis, la lógica y la precisión. Y sí, es verdad, llevada al extremo, puede ser una energía descarnada en la que se expresa despiadadamente la intolerancia, la arrogancia o la agresividad.

El ser humano aprende a vivir en sociedad desde el núcleo familiar, ahí desarrolla procesos de identificación con sus padres y hermanos que serán producidos de una u otra forma en diversas escenas sociales. En mi caso, mi núcleo familiar estuvo constituido por mis padres, mi hermano y yo. Debido a que emigramos a Puerto Rico, siempre tuvimos la familia sanguínea lejos. Fue muy poca mi interacción con mis abuelas, y más aun con mis abuelos. Nunca conocí a mi abuelo materno, pues falleció antes de que yo naciera y mi abuelo paterno siempre estuvo distante debido a su relación fría con mi papá. Aprendí de esta experiencia a cultivar amistades y núcleos cercanos que se convierten en familia. Es muy especial entender que hay familias que se conectan desde la consciencia y el alma, más que por la misma sangre.

La familia constituye la célula básica de la sociedad y es un elemento angular del desarrollo social. Es en la familia donde cada persona aprende a dar sentido a su existencia, al tiempo que va aprendiendo y llevando a la práctica las virtudes morales. En la familia se aprenden criterios, valores y normas de convivencia esenciales para el desarrollo y bienestar de sus propios miembros y para la construcción de la sociedad como la libertad, respeto, sacrificio, generosidad, solidaridad.

Mis padres me inculcaron muchos hermosos valores de los cuales estoy muy agradecida, sin embargo, la raíz de esta enseñanza fue principalmente el miedo. Bajo el miedo, siempre mantuve mi modo guerrera. A nivel social los miedos me llevaban a ser muy tímida e insegura. Poco a poco pude ir limpiando mis miedos y abrirme a explotar mi potencial para comunicar y educar. Al fin y al cabo, la experiencia con mi núcleo familiar me ha llevado a descubrirme. Lo que sí ha sido esencial, es limpiar mis miedos y recuperar el estado de amor incondicional que soy.

Sanar con tu núcleo familiar es clave para entender quién eres. Muchas veces actuamos en modo guerrera y no sabemos por qué. Cada decisión que tomamos tiene que ver con lo que sentimos y a su vez con algún pensamiento consciente o inconsciente que nos hace sentir de esta forma. Para recuperar el corazón de la diosa, es preciso trabajar con las raíces de estas programaciones conscientes e inconscientes. Si no logras entender muchas cosas en tu adultez, entonces busca en tu historia. Tu infancia y el núcleo familiar fueron la base de lo que eres hoy. El no sanar con tus padres tampoco va a impedir que logres ser exitosa o crear la vida que quieres. Pero te aseguro que si lo haces todo será más fácil. Recuerda que, si tus alas están sanas y fuertes, volar alto y llegar lejos será más rápido, fácil y divertido. Mientras más puro y limpio esté tu corazón, mejor conectarás con tu esencia natural de crear amor y plenitud en todas las áreas de tu vida. Incluso te abres a amar a la vida misma.

Amor a la vida misma

Cuando trabajas para limpiar y purificar tu corazón y regresar a tu corazón de diosa, te abres a experimentar el amor a la vida misma, donde el miedo a la muerte o a la carencia no tiene cabida. Empiezas a ver el amor en cada acto, en cada día, en cada persona, en cada ser de esta tierra. Te sientes unida a todo lo que habita en este planeta, los animales, las plantas, y en general, a toda manifestación de la vida. Disfrutas de la naturaleza desde otra consciencia.

Empiezas a experimentar la abundancia en todo lo que te rodea, pues entiendes que con los recursos naturales ya lo tienes todo, no hay espacio para la escasez, la tristeza o la ansiedad. Es un amor a todo que llena todo vacío de forma tan maravillosa que no tiene explicación. Es cuando yo digo que realmente se experimenta el amor incondicional del Padre Eterno, la Madre Tierra y toda su creación. Es un sentimiento de tanta plenitud que hace vibrar tu corazón. Algo que no tiene palabras para explicarse. Solo puedo compararlo con la palabra quintaesencia, que se define como el estado más perfecto de algo, la esencia más pura y concentrada de una cosa. Los ancestros llamaban quintaesencia al quinto elemento. Lo que ellos describían como lo que permeaba en toda la naturaleza y la sustancia que componía a los cuerpos celes- tes. Para mí, quintaesencia es limpiar las emociones tóxicas y abrirte a amar la vida. Abrirte a experimentar cada día desde tu capacidad innata para dar y recibir amor, desde tu esencia más pura y perfecta.

El amor universal se entiende como la fuerza que une a toda la creación entre sí y a su vez a la gran potencia o fuente de amor que es toda la creación. Esa energía unificadora nos enlaza al universo y a nuestro creador, pero al entrar al mundo material nos olvidamos de que somos energía pura del amor, nacida del amor, creada por amor, incluso creemos que si estamos sin com- pañía al lado estamos solos. Tanto las fuerzas del amor como las de gravedad son generales, naturales, invisibles y potentes. El amor Universal se experimenta con los actos cada día. No es posible solo leerlo, hablarlo o celebrarlo por algunas horas como lo hacen los grupos religiosos. Pues, no tiene que ver con religión, tiene que ver con energía. La forma más elevada de energía en el planeta es el amor. El amor, como la energía, no se crea ni se destruye, solo puede transformarse. Cuando vives en la vibración del amor, tu energía resuena a una frecuencia alta y de esta forma puedes expresar cualidades como la compasión, el perdón, la tolerancia, el respeto, la generosidad, el disfrute y la paz. Todas estas cualidades te empoderan y van a favor de la vida.

De acuerdo con el Dr. Leonard Horowitz, 528 Hz es una frecuen- cia fundamental, "la matriz matemática musical de la creación". El científico matemático Victor Showell y John Stuard Reid (un pionero en la investiga acústica y mediciones cimáticas) han demostrado que 528 Hz es esencial para la geometría sagrada de círculos y espirales consistentes con la estructuración del ADN. Un estudio realizado por investigadores en el campo de células nerviosas encontró que la música con ondas 528 Hz, aumentan la inmunidad humana en un 100% al mejorar la actividad antioxidante, mientras que también protegieron el sistema nervioso central de los alcohólicos en un 20%. La frecuencia 528 Hz tiene una relación muy arraigada con la naturaleza y está presente en todo, desde la clorofila hasta el ADN humano. Esto para mí explica que no hay duda de que todos estamos hechos de la misma sustancia y le da valor al principio de que todo el universo incluyéndonos a nosotros mismos, somos una misma cosa.

Tú puedes recuperar el corazón de la diosa. Se trata de empezar a experimentar y vivir tu esencia de amor puro, en todas las áreas de tu vida y de estar muy atenta y despierta para no perder esta sintonía. Te invito a hacerlo. Habrá situaciones en las que puedas perder la ruta. Tal vez ahora mismo te sientas perdida. Sin embargo, en tu interior siempre estará la salida cuando te pierdas. Se trata de vencer los miedos a cambiar de ambiente, no de cambiar tu esencia. Volviendo a recordar lo que eres y a conectar con tu esencia del amor, recuperarás el camino. Cada vez que te haga falta, regresa a la diosa en ti. La salida es hacia adentro.

CAPÍTULO 5

La Mente de la diosa

Regresando a la esencia natural de tu mente: Energía y creación sin límites.

Una mente libre de programaciones limitantes y llena de conocimiento y consciencia; así describo lo que es la mente de la diosa. Pero, esa no era mi mente hasta que poco a poco fui trabajando para lograr que mi mente -ese genio dentro de la lámpara- no sea mi peor enemiga.

Si no conoces el poder de tu genio y aprendes a ponerlo a trabajar a tu favor, es muy probable que lo estés usando en tu contra. Yo me di cuenta de esto cuando empecé a reconocer que yo misma saboteaba mis creaciones y deseos. Cuando sales de la actitud de guerrera víctima y dejas de echarles la culpa a los demás por las cosas que no te salen bien, tomas en control de tu vida desde el modo diosa. De seguro sabes muy dentro de ti que tú tienes el potencial para crear la vida y prosperidad que deseas, sin embargo, te preguntas por qué no la estás viviendo. Es porque estás en modo guerrera, reaccionando en vez de crear.

Me imagino que has escuchado hablar sobre la ley de atracción y el poder que tienes para atraer a tu vida todo lo que deseas. Tal vez como a mí en algún momento, te falten unos detalles muy importantes para que esta ley funcione con mayor eficiencia. Lo que descubrí es que las emociones que estás sintiendo al momento de pedir para manifestar son muy importantes y que además tu mente debe estar limpia de programaciones limitantes sobre lo que quieres manifestar.

En mi caso, hasta que no trabajé con las herramientas para sanar el corazón de diosa, no pude ver los resultados que quería. Por mucho tiempo mantuve preocupación y ansiedad por temas de dinero. De pequeña me programaron para luchar por las cosas, y al llegar a un país ajeno, como inmigrante, se llega a luchar y trabajar duro para conseguir prosperidad. Aunque eso tiene algo de cierto, hay que tomar esa programación con pinzas. Me tocó algún tiempo entender que el dinero es energía, así como vibras, así llega, dicen. Pero, el dinero no es energía en términos espirituales, así como tú lo eres. Eso es imposible, ya que el dinero no tiene vida propia. El dinero es energía en forma de intercambio.

El dinero fue creado en este sistema material como una forma de intercambiar tu energía por la energía de algo que quieres adquirir. Así que ten en cuenta, que, para hacer dinero, tienes que invertir tu energía y al adquirir cosas, estás tomando la energía de otro. Por ejemplo, cuando compras alimento en el supermercado, con el dinero, estás adquiriendo tanto la energía de la tierra en forma de alimento cosechada por la energía del agricultor y la energía del comerciante que la transporta y la vende. Al comprar este libro, intercambiaste tu energía de trabajo, por la energía que yo invertí en crear este libro y resumir conocimiento para tu beneficio. Así que, el dinero es simplemente cambio o transferencia de energía.

Entonces, digamos que el dinero en sí no existe, pero sí existen las formas de crear valor a través de cómo inviertes tu energía o cómo usas tu energía para crear valor a los demás. Es por esto que el dinero tiene que ver con tu auto concepto de valor y el valor que estás dispuesta a dar a los demás. De este modo, mientras más valiosa te creas y sientas y mientras más valor creas para los demás con tu energía, más podrás intercambiar y más dinero podrás tener. Así de simple. Si trabajas para alguien más, tú y el equipo de trabajo están dando de su energía para producir energía en forma de valor que ofrecerá la compañía a sus clientes y por esa energía ofrecida les pagan un sueldo. Si tienes tu propio negocio, estás usando tu energía para directamente llevar valor a otros que ven valor en lo que ofreces y están dispuestos a pagarte.

Entendiendo esto, no es dinero lo que tienes que manifestar, sino formas de transformación de la energía, que sean eficientes y placenteras para ti, y que lleve valor para alguien más. Si el proceso de transformación de energía donde estás ahora no te provee satisfacción, es muy probable que estés intercambiando energía y teniendo un resultado negativo vibracionalmente, que en la medida que no se modifique, seguirá creando experiencias negativas.

Hay quienes intercambian su energía de forma no placentera, por dinero, para luego con el dinero comprarse cosas materiales que les satisfacen. Esto es un resultado vibracionalmente muy bajo. Sin embargo, cuando al intercambiar tu energía por dinero, sientes satisfacción, el resultado es energéticamente positivo y de esta forma seguirás creando experiencias positivas. Es por eso que te invito a ponerle amor incondicional a todo lo que signifique intercambio o manifestación de dinero en tu vida. Esta es una de las claves del éxito, no solo material sino espiritual. Si no cambias tu vibración, la ley de atracción y tu poder creador no te funcionarán como quieres.

Cuando trabajé con el hecho de liberarme de emociones de baja vibración y experimentar el amor incondicional en mi carrera profesional y en cómo ganaba el dinero, mi vida financiera se comenzó a transformar. Todo tenía que ver con mi programación y mis emociones sobre el dinero. Cuando cambié mi mente y mis emociones, empezó a ser mucho más fácil poder utilizar mi potencial y el poder de mi mente creadora para manifestar. Sin embargo, entendí que, si aún llevo alguna pizca de programación limitante en mi mente, estaré creando bloqueos. Así que cuando se trata de manifestación, aprendí a estar muy consciente de lo que creo, de lo que siento y de la importancia defluir. Con fluir me refiero a que hay una línea muy fina entre tener control de lo que quieres manifestar y controlar el proceso de manifestación.

La manifestación cumple con un tiempo perfecto para el cual las cosas se dan en plena armonía. Desesperarse y apegarse a los resultados es un error. Ese era mi error. De hecho, siempre he dicho que toda mi vida es una prueba de paciencia. En mi modo guerrera, siempre quería controlar el proceso para que las cosas se dieran rápido. No me daba cuenta de que la impaciencia me causaba mucha ansiedad y frustración. Emociones que me mantenían en baja frecuencia vibratoria. Por mucho tiempo sé que yo misma bloqueé la manifestación de muchos de mis deseos por causa de la impaciencia y otras emociones que me mantenían en una frecuencia baja. También por apegarme al resultado.

Apegarse al resultado es obsesionarte con una posibilidad de cómo deben ocurrir las cosas, cuando tal vez hay muchas mejores que no ves. De modo que, cuando esas otras posibilidades llegan, no las aprecias y se van. Es así como perdí muchas oportunidades. El Universo me abría puertas, pero yo estaba sentada esperando que se abriera la que tenía de frente, sin mirar las demás. Así que entre altas y bajas, aprendí, que para manifestar la abundancia y la vida que deseas, sigue el ritmo en el que *piensas, sientes, actúas, esperas, evalúas y repites*.

Piensa. Piensa lo que deseas desde una mente limpia de programaciones que limiten tu deseo. El acto de pensar ya te lleva a visualizar. Si es posible, dale forma física a ese pensamiento. Puede ser un dibujo, una foto o un diagrama.

Luego siente. Siente desde un corazón limpio de emociones de baja frecuencia y lleno de amor, la más alta frecuencia. Siente entonces, desde el agradecimiento, como si ya tuvieras eso manifestado en tu vida.

Entonces, actúa. Actúa conectada con tu intuición, pero también modelando a aquellos que ya lo han hecho, para que no repitas errores. Actuar también implica crear un plan o ruta, estando consciente de que, en el camino, el plan o la ruta pueden cambiar, pero no la visión. Te debes obsesionar con la visión, no con el plan o la ruta.

Aprende a fluir. Luego espera. Espera con la certeza y la fe de que cada día estás realizando algo que te apoya a vibrar cada vez más en la frecuencia de tu visión. Debes aprender a fluir y disfrutarte la espera. Entrar en algún tipo de desesperación, interrumpirá el proceso. Es bueno entretenerte un poco en cosas que te aporten vibras positivas y dejar que la magia de las energías haga el trabajo.

Al final, evalúa. Evalúa si lo que se manifestó te gustó y si te hace sentir bien. De lo contrario identifica dónde estuvo el fallo. Si fue que no pensaste o visualizaste bien, si algunas emociones interrumpieron la frecuencia, si no actuaste y esperaste de más o si actuando de sobremanera no supiste esperar e interrumpiste el proceso. Así, evaluar te ayudará a repetir los pasos con mayor perfección y eficiencia.

En mi caso, me ha funcionado y poco a poco voy perfeccionándome. También me he dado cuenta de que cuando más personas se alinean a la misma visión y se enfocan en trabajar en un mismo fin, la manifestación de energías se amplifica y se produce más rápido. Eso es lo que ocurre cuando varias personas se unen en una misma visión, con una misma frecuencia, ponen su intención en un plan con la misma dirección. Más allá de un plan y ejecución, consciente o inconscientemente, la energía del proceso de manifestación es la esencia.

Todo esto debes recordarlo como la verdad del poder de tu esencia. Si estás muy estancada en el mundo material, se te hará tal vez muy difícil entenderlas. Tienes que creer en tu proceso de manifestación cuando trabajas por tu abundancia, así como crees que siguiendo un estilo de vida sano conseguirás la salud como resultado. No puede haber ninguna pizca de desconfianza o falta de fe. Puede que no me creas. De hecho, no me tienes que creer. Estas cosas tienes que hacerlas por ti misma para ponerlas a prueba.

Yo las he puesto a prueba y funcionan. Soy de las que, si algo me llama la atención, lo intento. Cuando conocí sobre la ley de atracción resoné con ella inmediatamente. Comencé a estudiarla y a practicarla, y a ir poco a poco perfeccionando mi práctica. Recuerdo que a mis 24 años hice mi primer tablón de visión o en inglés *visionboard*, en un curso grupal de crecimiento personal. Allí plasmé con tanta emoción fotos de visiones que hoy a mis 30 años son mi realidad: mi licencia como naturópata, mi negocio en el campo de la salud tanto virtual como un centro de bienestar natural, viajes por el mundo, una pareja que me ama, libertad de tiempo y dinero, la escritura de un libro y entre otras cosas como crear una familia y tener hijos.

Esta última no se ha dado pues mantengo como condición ser mamá cuando haya alcanzado mi libertad de tiempo y financiera. Pero, no falla, es cuestión de tiempo y el tiempo simplemente te va enseñando las lecciones para que eleves tu frecuencia energética hasta el nivel donde se alineen con tu visión y sueños. Mientras más grandes tus sueños y visión, mayores serán las pruebas. Tienes que estar dispuesta a aceptar las pruebas con amor, porque para vibrar tan alto como tus grandes sueños, tienes que aprender a limpiar y regresar a tu esencia, a conocer tus poderes, de modo que te prepares para recibir lo grande, pero que también sepas crearlo.

En algún momento pedí libertad de tiempo y libertad financiera. Ya soy dueña de mi tiempo y estoy en ruta hacia la libertad financiera. En el camino he tenido altas y bajas, pero aprendí que la vida es ritmo, con tonos altos y bajos, y que situaciones como tener que vivir en el primer local de mi negocio por seis meses, simplemente me estaban preparando para lo grande. Por no reconocer su potencial o no confiar en las leyes, muchas se rinden en el camino.

Yo he tenido muy claro que vine a hacer grandes cosas. Mi misión personal es apoyar al planeta tierra a elevar su frecuencia energética, ayudando a despertar y regenerar una mujer a la vez. A ti como mujer, a reconocer tu energía femenina, aquella que apoya el equilibrio energético del planeta que ha sido dominado por la energía masculina durante siglos. Digo energía masculina, no hombres. Es cuestión de energías, no de sexo. Tú puedes estar negando hoy día tu energía femenina al estar inclinada a hacer cosas que van más con la energía masculina, como dejar tus sueños de ser artista, para inclinarte a trabajar en un campo más racional. El mundo necesita más intercambio energético desde el amor incondicional. El mundo necesita más de lo femenino. Necesita de líderes que lideren desde el amor y no desde la razón, conectar con la sabiduría universal para desarrollar la inteligencia y no tanto el intelecto.

Inteligencia e intelecto no es lo mismo. Intelecto es el potencial cognoscitivo racional que tienen los seres humanos. Inteligencia es la capacidad de resolver problemas de la mejor forma con las herramientas que tenemos a mano y con resultados armoniosos para todos aquellos que están involucrados. El intelecto es toda razón, la inteligencia lleva sentimiento. Intelecto es desarrollar la química de una bomba atómica. Inteligencia es saber el uso que se le dará a ese invento. El lado femenino representa la sensibilidad, la inteligencia. El lado masculino representa la razón y la fuerza.

El mundo necesita recuperar su energía femenina. Incluso los hombres deben acceder más a esta energía en ellos. Es cuestión de equilibrio y sabiduría. Como mujer, tienes que estar despierta y sana, para poder acceder a tu sabiduría, y entonces apoyar al hombre y a las demás mujeres a hacer lo mismo. Debemos dejar de caer en la trampa del machismo y el feminismo. Como expliqué en capítulos anteriores, el machismo y feminismo, son conceptos creados que separan. El feminismo, se creó procurando la igualdad de condiciones entre el hombre y la mujer, pero si un dogma o religión no se hubiera inventado el concepto machista, de poner al hombre por encima de la mujer, para desunir y tomar control de las masas, ninguno de los conceptos existiría. En todo caso, si el feminismo busca realmente la igualdad, lo primero que tendría que cambiar es su nombre, pues nada más la palabra "feminismo" no es nada inclusiva para el hombre. Por eso muchos la confunden.

En la espiritualidad ancestral donde la Divinidad es venerada como reflejo de Padre/Madre creadora, no existía la separación. En la unión de ambos sexos y energías está la fuerza. No se trata de conceptos, se trata de energías y del potencial que tenemos como seres humanos para equilibrarlas de forma consciente.

Me irrita muchas veces el ego de muchos en la comunidad científica, ya que limitan el potencial de muchas personas haciéndoles creer que hay que siempre comprobar científicamente aspectos indudables de nuestra naturaleza energética, incluso sin darse la oportunidad de conocer la sabiduría fuera del campo cuadrado y racional que es la ciencia. Para la comunidad científica escéptica a los conceptos de energía y las leyes naturales, la ley de la atracción es considerada pseudociencia pues no hay evidencia científica que la respalde. Sin embargo, la ley universal de causa y efecto respalda muy bien a la ley de atracción.

Hace varios siglos, Newton fundamentó las leyes de la física clásica. Entre ellas, se encontraba la ley de acción-reacción: "Toda acción, recibe una reacción opuesta y de igual magnitud". Aunque la explicación de Newton se aplica a la materia física, esta se puede también aplicar e interpretar desde planos más sutiles y energéticos como los pensamientos y emociones. Algunas corrientes religioso-espirituales, como el budismo, utilizan el concepto de karma. La ley del karma afirma que las acciones de las personas acaban repercutiendo, tarde o temprano, en su propia vida. Si tus acciones son buenas, recibirás consecuencias positivas; pero, si son malas, acabarás recibiendo también lo merecido. La ley del karma no es más que una interpretación espiritual y filosófica de la ley de causa y efecto.

La ley de causa y efecto es una ley universal y, como tal, es omnipresente; es decir, está en todas partes y se manifiesta en múltiples planos de la realidad, incluyendo el mental, emocional, el sentimental y el interpersonal. Como dije antes, la ley de causa y efecto es omnipresente; está en todas partes y, por tanto, no puedes librarte de ella, debes aprender a utilizarla a tu favor.

En el primer capítulo te expliqué cómo los pensamientos y emociones son manifestaciones energéticas que pueden influir en la actividad celular. Sí, esto es posible, tanto las emociones como los pensamientos intencionados pueden influir en la manifestación. El cerebro humano funciona en base a creencias o programas que se van instalando desde nuestra infancia en su mayoría. Pregúntate cómo es que puedes recordar canciones que cantabas en tu niñez. Lo curioso es que estas creencias, tanto conscientes como inconscientes, dan igual si son más o menos verdaderas, la mente normalmente interpretará la realidad para que encaje con ellas.

Recuerda, la mente como el genio de la lámpara, acepta toda la manifestación de las palabras y también se las cree, sino le dices lo contrario. Entonces, lo sensato sería que, si tus creencias te ayudan a lograr lo que quieres, bienvenidas sean; si lo que hacen es ponerte obstáculos, trata de cambiarlas por otras que no sean limitantes. ¿Dónde encaja la ley de causa y efecto? En el control de tu vida.

Recuerda que el punto en el que estás actualmente es consecuencia de las decisiones que has venido tomando a lo largo de los años, en un entorno y bajo unas circunstancias dadas. Si no has tomado el control de tu mente, pues es muy probable que sea tu genio quien ha llevado el control, de acuerdo a las programaciones que le instalaste, de forma consciente o inconsciente. Conocer esto me otorgó una gran sensación de libertad y el poder de reconocer que soy yo quien dirige el rumbo de mi vida. Cuando tomas el control de lo que tienes en la mente y añades emociones de alta frecuencia como el amor y el agradecimiento, no hay duda de que la ley de la atracción funcionará.

En el libro *Los secretos de la mente millonaria*, T. Harv Eker habla del «el proceso de manifestación», que explica cómo se manifiesta o materializa en el mundo físico (o exterior), lo que previamente sucedió en el mundo interior (Eker, 2005). No deja de ser una aplicación de la ley de causa y efecto, encadenando causas y efectos repetidas veces.

Tus creencias determinan tus pensamientos, tus pensamientos determinan tus emociones, tus emociones determinan tus acciones, tus acciones determinan tus resultados, tus resultados determinan tus creencias. Muy parecido al proceso que te describí al inicio. También describe un proceso similar el famoso libro de Rhonda Byrne *El Secreto*, y Napoleón Hill menciona sobre el potencial de la mente en el proceso creativo en su libro *Piense y Hágase Rico.* No es casualidad que varias personas hablan de lo mismo, desde diferentes perspectivas. Pero, recuerda este hecho: mente y cerebro no es lo mismo.

El cerebro es el órgano que centraliza la actividad del sistema nervioso. La mente es el conjunto de capacidades cognitivas que puede llevar a cabo tu cerebro. Entre estas capacidades están el pensamiento, la percepción, la consciencia, la memoria y la imaginación. Imagina un radio, el cual se utiliza para captar ondas energéticas que serán interpretadas y expresadas en forma de sonido. En este caso tu cerebro es el radio como aparato y la mente es esa capacidad de captar ondas energéticas e interpretarlas que tiene la radio. Así como un buen radio es capaz de captar buena señal y transmitir las ondas de forma correcta, una mente sana necesita de un cerebro y sistema nervioso sanos.

La salud de tu cerebro depende en gran medida del equilibrio químico y nervioso de todo tu sistema. Todo lo que altere tu sistema nervioso y tu salud interfiere en cómo tu cerebro capta y transmite las señales que recibes. En este caso, las programaciones

REGENERA TU CUERPO, DESPIERTA LA DIOSA EN TI

serían como las emisoras de radio, cuando no te agrada la transmisión de una emisora, puedes cambiarla y sintonizar otra. De este modo, es importante que conozcas que la energía vital o salud de tu cuerpo es esencial para el proceso de manifestación. Un cuerpo intoxicado, desequilibrado y enfermo no puede ser el radio ideal para recibir y transmitir señales de manifestación perfecta. Un cuerpo limpio, un corazón puro y una mente llena de conocimiento son los estados claves para que manifiestes de forma precisa, rápida y clara todo lo que deseas.

Mientras más trabajes e inviertas de tus recursos, energía, tiempo y dinero en mantener tu equilibrio físico, emocional y mental, mayor será tu potencial para crear la vida que quieres. No te engañes, jamás podrá ser al revés. No puedes agotar tu equilibrio físico, emocional y mental en invertir tu tiempo, energía y dinero para alcanzar la vida que deseas. De este modo agotarás tu potencial para regenerarte, tanto a ti misma como tu vida.

Lo que sí puedes hacer es tomar el proceso de manifestación y hacer ingeniería inversa. Tan solo tienes que darle la vuelta e ir respondiendo a las siguientes preguntas: ¿Qué resultado/s quiero conseguir? ¿Qué tengo que hacer para lograr los resultados que busco? ¿Cómo me tengo que sentir para hacer lo que tengo que hacer? ¿Qué tengo que pensar para sentirme de la manera adecuada? ¿Qué creencias debería tener para pensar así?

Así de sencillo. Es cuestión de ponerlo en práctica. Llevarlo a la práctica implica tener la voluntad de hacer cambios en tu rutina regular y estar consciente de que, si tú no lo haces por ti misma, nadie lo hará. En los siguientes capítulos te ofrezco detalles sobre cómo hacerlo parte de tu día a día. Ahora bien, ten muy presente que como explica Abraham Hicks en su libro *Pide y se te dará*, el motivo de que no hayas conseguido lo que deseas es porque te mantienes en un patrón vibratorio que no coincide con la vibración de tus deseos (Hicks, 2004). ¡Ese es el único motivo, no hay otro! Ten presente que, si te detienes a pensar en ello o lo que es más importante, te detienes a sentirlo, conseguirás identificar la discordancia que hay en tu interior. Así que, parte de tu práctica día a día es empezar a autoanalizar tus emociones y autogestionarlas. Estas son algunas de las herramientas de Inteligencia Emocional que compartiré en el capítulo 8.

El universo y la naturaleza son un sistema perfecto gobernado por leyes universales inquebrantables que rigen su funcionamiento. Conocer las leyes universales y naturales es relevante para entender la vida y mantener la armonía. Para mí ha sido tan esencial, que tengo como meta escribir un próximo libro, dedicado a las leyes naturales.

Conociendo sobre la ley de causa y efecto y el proceso de manifestación lo único que debes hacer es liberar, suave y progresivamente tus pensamientos resistentes, que son los únicos factores negativos. El alivio que experimentarás será el indicador de que estás liberando tu resistencia, al igual que la sensación de creciente tensión, ira, frustración y otras emociones negativas indican que has incrementado tu resistencia. Nunca dudes de tu esencia energética. Recuerda que no se trata de magia o religión, se trata de energía. Como explica Abraham Hicks en su libro:

> Tú eres, incluso en tu expresión física de carne, sangre y huesos, un «Ser Vibratorio» y todo lo que experimentas en tu medio físico es vibratorio. Solo puedes llegar a comprender tu mundo físico a través de tu capacidad de traducir esas vibraciones. Es decir, a través de tus ojos traduces las vibraciones en lo que ves; a través de tus oídos traduces las vibraciones en los sonidos que percibes; incluso tu nariz, tu lengua y las yemas de tus dedos traducen las vibraciones en olores, sabores y texturas que te ayudan a comprender tu mundo. Pero tus intérpretes vibratorios más sofisticados son tus emociones (Hicks, 2004).

De esta forma se rescata la mente de la diosa. Ahora date cuenta de que como diosa eres tres esencias, con tres grandes poderes: la esencia física de la salud perfecta con el poder de tu energía vital o sexual; la esencia emocional con el poder del amor incondicional y la esencia mental con el poder de la mente. Estas esencias y poderes son lo que eres indudablemente los conozcas o no. Cuando no los recuerdas o conoces, puede que estés perdida, sin saber quién eres y cuál es tu potencial. Cuando no te conoces, el resultado es que te conviertes en una ficha más del juego del sistema. Cuando no conoces tus poderes, te permites que el sistema te programe para hacer de ti lo que le conviene.

Cuando hablo de sistema, me refiero a cómo está constituido el sistema social. Date cuenta de que el sistema de salud no está diseñado para apoyar tu salud perfecta, tampoco el sistema educativo está diseñado para que aprendas a manejar tus emociones, tampoco el económico está diseñado para enseñarte tu potencial creador. Entonces, ahora que conoces, no se trata de irte en contra del sistema. Jugar de esta forma sería muy agotador. Mi estrategia es participar del juego del sistema, sin ser parte de él. Por ejemplo, practico la medicina natural preventiva y evito utilizar el sistema de salud a menos que se trate de una emergencia por trauma. Cuestiono y busco informarme, leer y nutrir mi mente de fuentes más allá de las que presentan en los medios de comunicación masivos.

Y por último, no creo en las crisis económicas. Creo en que simplemente hay cambios, como todo en la naturaleza también es cambio y ritmo. Las crisis son cambios y quien no esté dispuesto a cambiar, entonces entra en crisis. Así que aprendí a no permitir que el sistema detenga mi potencial para crear prosperidad y abundancia, con el miedo a las crisis. Desde mi mente de diosa, aprendí a vivir en el sistema, sin ser parte del él.

CAPÍTULO 6

Conquista tu Templo: Plan 30 días para empezar a rescatar tu cuerpo de diosa

Limpia, nutre y regenera tu cuerpo para toda la vida

Bienvenida al capítulo 6, donde te estaré compartiendo las primeras herramientas para tu poderoso plan de acción general de 90 días, enfocado en que empieces a regenerar tu cuerpo y tu vida como yo lo he venido haciendo. Es importante que entiendas que este plan es general. Si tienes alguna condición de salud en particular diagnosticada, te invito a comunicarte conmigo a través de mi correo electrónico mujernaturista@gmail.com y redes sociales de Instagram: @lanaturistapamelabernal @mujernaturista para ayudarte de forma más personalizada. A través de consultas presenciales o virtuales podré conocerte mejor y apoyarte mucho mejor en tu proceso de regeneración.

También es importante que entiendas que 90 días es un tiempo promedio en donde podrás empezar a realizar cambios significativos en tus hábitos que te permitan hacer el camino hacia una vida mejor, sin embargo, puede que según tu estado actual de salud necesites mucho más o menos tiempo para empezar a ver resultados. Aunque tres meses es lo ideal para restablecer todo un ciclo menstrual, tanto físico como energético y empezar a ver los primeros resultados positivos. Recuerda también que los cambios que sugiero aquí son hábitos para adquirir como estilo de vida los cuales debes aplicar de forma continua y constante. No se trata de dieta, se trata de regresar a tu esencia.

Los primeros 30 días empezarás a trabajar en la conquista de tu templo que es tu cuerpo, luego en los próximos 30 días y en el capítulo 7 integrarás las herramientas para trabajar con elevar tu frecuencia emocional y luego terminarás con 30 días, añadiendo las herramientas del capítulo 8 para la liberación tu mente. Conquistar tu templo, liberar tu mente y elevar el ser son mis tres pasos para rescatar a la diosa en ti. Los tres implican limpieza, nutrición y mantenimiento para la regeneración de tus tres esencias naturales, el cuerpo limpio, el corazón puro y la mente llena de conocimiento. Empecemos.

Conquista tu Templo

En promedio, un ciclo menstrual normal dura aproximadamente 28 días. Ya que esto es un promedio y no la norma, un ciclo menstrual saludable puede variar entre 25 a 35 días. Si eres adolescente, tu ciclo menstrual puede ser más extenso ya que es común que durante la adolescencia la fase lútea sea más larga. Tu flujo menstrual debe ser mayormente líquido con coágulos pequeños.

Según la doctora Lara Briden en su libro *Period Repair Manual* (Briden, 2015), los coágulos menstruales son normales, pero no deben ser más grandes que una moneda de diez centavos. En el libro *Fix Your Period* de Nicole Jardim, se explica que la consistencia normal del flujo menstrual debe ser como parecida a la de un sirope y no parecida a la mermelada de frambuesa con pedazos de la fruta dentro (Jardim, 2020). El flujo puede variar en color desde un marrón, a un rosa o rojo intenso. El color marrón se debe a la oxigenación de la sangre e indica que solo estás manchando o que el flujo es lento. Lo normal es eliminar entre 35 a 50 ml de sangre menstrual (aproximadamente 3 cucharadas), durante todo tu periodo. Menos de 25 ml es considerado poco flujo y más de 80 ml es considerado flujo abundante. Tu periodo debe durar aproximadamente entre 3 a 7 días. Un ciclo menstrual saludable tiene una fase folicular que dura alrededor de 7 a 21 días y una fase lútea que dura entre 10 a 16 días.

Todo organismo al nacer ya viene dotado de una fuerza vital, que, sin debilitarla, mantendrá el buen funcionamiento de todo el mecanismo orgánico. Además de tu ciclo menstrual, la evaluación de algunas áreas de tu cuerpo puede aportar información sobre tu estado de salud como son: la lengua, las evacuaciones, el ánimo y la energía. La lengua, en estado normal, está limpia, sonrosada y húmeda, no tiene sarro, ni grietas ni otro color. Lo normal es que la persona limpie sus intestinos diariamente una o dos veces. Y, aunque no ingiera nada solido por un tiempo, debe evacuar mínimo cada dos días. Las heces deben ser eliminadas de forma natural, ser compactas, abundantes y de color bronceado. Si son diarreicas, fétidas, escasas o expulsadas tardíamente, denotan mala digestión. La persona sana posee siempre buen ánimo y disposición, lo conserva y lo acentúa. La pérdida del ánimo habitual, el desánimo y el pesimismo son signos que caracterizan la alteración de la salud. Cuando la persona está sana, posee energía y fortaleza que le permite desarrollarse normalmente y orientar su actividad y su vida por el camino del trabajo, del esfuerzo y de la consecución de sus metas. Dormir demasiado revela debilitamiento nervioso. El sueño intranquilo, las pesadillas y el insomnio son reveladores de alteraciones nerviosas.

Otra forma muy efectiva para la investigación del estado de salud y fuerza vital de la persona la tenemos en la observación del iris de los ojos, pues en él se encuentran reflejadas las distintas zonas del organismo.

Para saber a dónde vas, primero tienes que identificar dónde estás. Tu cuerpo tiene la capacidad de regenerar, sin embargo, el tiempo y el esfuerzo que tendrás que hacer dependerán de tu estado de salud actual. Utiliza las preguntas que te dejo más adelante o busca en mi página web www.mujernaturista.com en la sección de recursos gratuitos el cuaderno *"Plan 90 días Regenera Tu Cuerpo, y Despierta a La Diosa En ti"* para apoyarte en la evaluación, ya que es importante evaluar dónde estás y hacia dónde quieres llegar con tu cuerpo y ser.

Puedes entrar dando clic aquí https://www.mujernaturista. com/pages/ gratis-cuaderno-regenera-tu-cuerpo-despierta-la-dio- sa-en-ti

Antes de empezar, es importante que entiendas que para lograr resultados maravillosos debes empezar a trabajar con tu cuerpo desde la aceptación y el amor. Si odias tu cuerpo y no lo aceptas tal y como está ahora, nada de lo que hagas te ayudará a recupe- rarlo. Recuerda la ley de causa y efecto. La intención (causa) con las que empieces las cosas es clave para los resultados (efectos) que obtengas. Tu intención debe ser primero aceptar tu cuerpo y empezar a trabajar desde la vibración del amor.

También es importante disfrutar el proceso; no podrás com- pletar algo que no disfrutas. Recuerda que el camino es más importante que la meta; ninguna meta será satisfactoria sino disfrutas el camino recorrido. Ni el peso, ni un diagnóstico, ni los síntomas te definen, son solo la ausencia del equilibrio perfecto en tu cuerpo. Aquí ya tendrás las herramientas para empezar a recuperar y mantener tu esencia natural de salud perfecta. Si tienes bloqueos con aceptar tu cuerpo, te invito a buscar mi podcast "Regenera tu Vida con La Naturista" en la aplicación Spotify o Apple Podcast. Allí encontrarás la meditación guiada de aceptación y amor a tu cuerpo, que será de gran ayuda para empezar este primer paso para recuperar tu cuerpo de diosa.

Conecta desde el amor con tu cuerpo para contestar las siguientes preguntas:

- ¿Cuál es tu peso actual?

- ¿Tienes algún diagnóstico?

- ¿Qué síntomas presentas a nivel físico?

- ¿Identificas algún fallo en las cinco áreas más importantes de tu sistema: alimentación, digestión, circulación, desintoxicación y coordinación Nerviosa?

- ¿Identificas desequilibrios en algunos de tus cinco elementos: agua, aire, luz, tierra, éter?

- ¿Qué parte de tu ritmo biológico necesitas equilibrar: nutrición, digestión, circulación, desintoxicación y coordinación nerviosa?

Ahora identifica hacia dónde quieres ir:

- ¿Cuál es tu peso meta?

- ¿Cómo quieres sentirte físicamente?

- ¿Qué tienes que hacer para sentirte así?

El primer paso para lograr salir de donde te encuentras es hacer una limpieza. Tus primero 30 días empiezan con mi programa de limpieza de 12 días. Te invito a realizar mi programa Detox Naturista 12 días® y luego seguir con las recomendaciones generales según las necesidades que identificaste. El Detox Naturista 12 días® consiste en 12 días de cambios significativos en tu alimentación y hábitos, además de la ingesta de suplementos depurativos que en conjunto apoyarán a la desintoxicación de tu sistema.

El método combina la ingesta de zumos de vegetales y frutas, frutas frescas, ensaladas y caldo de vegetales con suplementos depurativos para apoyar la limpieza de la sangre, el colon y los riñones. La idea de empezar con 12 días de limpieza es que es la forma ideal en la que puedes empezar a crear las bases para tu nuevo estilo de vida, tanto a nivel de cuerpo como de mente. Será como hacer un "*Re Start*" a tu sistema para instalar tu nuevo y verdadero programa, que ha sido guardado y no se activado por años.

El programa de *Detox Naturista 12 días*® es un proceso donde empezarás a conectar con tu cuerpo y experimentarás el poder de la fuerza de voluntad que tienes con tu mente para lograr realizar los hábitos necesarios de regresar a tu esencia física, y conquistar tu templo. El programa de limpieza te ayudará a que recuperes la energía física y la motivación para seguir los próximos pasos que continuarás con este libro o utilizando el "*Plan 90 días para Regenerar tu cuerpo, y despertar a la Diosa en ti*" para conquistar tu templo, regresar a tu ritmo biológico, equilibrar tus 5 elementos y reparar los cinco procesos. Con el *Detox Naturista 12 días*®, empezarás a ver cambios positivos como bajar inflamación, bajar de peso y pulgadas, alivio en tus dolores menstruales, claridad mental, piel brillante, mejorar tu digestión, alcalinizar tu sistema y fortalecer tu sistema inmune.

El *Detox Naturista 12 días*®, es el programa ideal para empezar y es con el cual he ayudado a muchas mujeres a retomar sus hábitos sanos. Puedes ver los testimonios maravillosos de muchas mujeres en mi página de Instragram @lanaturistapamelabernal. Para adquirir tu *Detox Naturista Start Pack*, el cual incluye: la guía y videos con las instrucciones, los suplementos depurativos, artículos personales para depuración, los zumos y/o el taller

REGENERA TU CUERPO, DESPIERTA LA DIOSA EN TI

virtual de cómo preparar zumos de frutas y vegetales, además de apoyo y seguimiento de mi equipo y el grupo de apoyo, visita mi página web www.mujernaturista.com. Una vez completes los 12 días del programa de limpieza, estarás lista para seguir con los detalles de este plan para completar tus 90 días de regeneración.

Recupera tu ritmo biológico

Es sumamente importante que recuperes tu ritmo biológico. Luego de tu Detox Naturista 12 días®, por los próximos días, empezarás a adaptar tu rutina de responsabilidades a tu ritmo biológico. Si tus roles, quehaceres y deberes te impiden hacerlo, es crucial que considers hacer cambios en ellos. Recuerda que la salud de tu templo es prioridad. Tu cuerpo tiene un ritmo biológico que al ser interrumpido tendrá consecuencias. Aquí te comparto las horas correctas para realizar las actividades vitales que mantendrán a tu cuerpo en perfecto equilibrio adaptándote a tu ritmo biológico.

Sueño y descanso: 8:00 p. m. a 4:00 a. m.

Al que madruga, el sol le ayuda. Acuéstate temprano y levántate temprano. Siendo las 10:00 p. m. la hora límite para dormir. Desde las 8:00 p. m. es ideal ya empezar a buscar recostarte y no exponerte a la luz azul de aparatos electrónicos. Se ha comprobado que esta luz impide la producción de melatonina, promueve que estés alerta y hace que el ritmo circadiano se altere. Dormir adecuadamente promueve la regeneración celular y reparación del ADN. Los procesos de sanación ocurren mientras duermes y descansas correctamente. Dormir es un proceso vital que no puedes dar por sentado y, si es una de tus áreas a mejorar, debes empezar lo antes posible. Lo recomendado es que logres dormir al menos 6 horas de sueño corridas y sin interrupciones. Si tienes impedimento en arreglar tu ciclo de sueño, entonces debes poner atención a reparar tu proceso de coordinación nerviosa, el cual menciono más adelante.

Actividad mental y física

Las horas ideales para estudiar o realizar tareas creativas o intelectuales son desde 4:00 a. m. a 6:00 a. m. Te beneficiarás de una mente refrescada y energizada luego de un buen sueño. Las horas ideales para hacer ejercicios son de 6:00 a. m. a 10:00 a. m. Se ha comprobado que hacer ejercicio por la mañana es más efectivo, además de que el sudor, la respiración y el movimiento a estas horas apoyan los procesos de desintoxicación que el sistema realiza en horarios de la mañana. El ejercicio regular también es beneficioso para la salud menstrual, debido a que modula la respuesta al estrés y reduce el cortisol, reduce la sensibilidad a la insulina, promueve la circulación a los órganos pélvicos, fortalece el piso pélvico y alinea el útero, además de ayudar a bajar la inflamación, ya que oxida los ácidos, promoviendo el equilibrio del PH.

El ejercicio también apoya los procesos de desintoxicación. Mediante la transpiración, el cuerpo elimina numerosos residuos al exterior del organismo. El olor intenso del sudor puede indicar altos niveles de toxinas y un organismo enfermo. La estimulación de la sudoración abundante y repetida es necesaria para sanar el terreno. El ejercicio también apoya el equilibrio de tu mente, al liberar neurotransmisores importantes como la dopamina, el cual produce sensación de placer y relajación.

Cualquier tipo de actividad física que disfrutes será ideal. Yo en particular varío mis ejercicios entre bailes pélvicos, zumba, pesas, *rebounding*, yoga y Pilates. Lo indicado es hacerlo diariamente o mínimo 3 veces en la semana por al menos 30 minutos. Los días que no puedas hacer 30 minutos, al menos procura hacer estiramientos por la mañana. Lo importante es moverte. Las mujeres nos hemos beneficiado a través de la historia del movimiento que nos proporcionan los bailes. Hay muchos métodos basados en el baile que ayudan a la salud femenina. El Método Aviva es una serie de ejercicios físicos basados en mover la zona pélvica ayudando y fortaleciendo los órganos del sistema de reproducción.

Se pueden combinar con la medicación convencional. Además, ofrece una oportunidad al cuerpo de curarse y también puede hacer posible la fertilización natural y espontánea. Creado por Gabriella Steiner, una bailarina clásica húngara, el método Aviva está reconocido por varios institutos de salud en Israel y en Hungría, además está registrado en la OMS (Organización Mundial de la Salud) en Ginebra y Suiza.

Además de ser instructora de *rebounding*, personalmente estoy desarrollando el método Sanza, el cual apoya la tonificación del cuerpo y equilibra el campo energético utilizando el baile y la danza. Puedes ver y seguir rutinas a través de mi página web y redes sociales. Uniéndote a mi tribu naturista, podrás tener acceso a rutinas completas.

Puedes variar tus ejercicios de acuerdo con tu fase del ciclo menstrual. Es muy conveniente, ya que tu energía puede variar según las fases. En las fases premenstrual y menstrual, puedes hacer ejercicios sutiles de vientre, yoga, Pilates o baile. Estos ejercicios no tan intensos ayudarán a vascularizar el útero, estirar y a hacer un cardio ligero que apoyará la sudoración y circulación, ayudando así al flujo menstrual. En las fases preovulatoria y ovulatoria, donde tienes mucha más energía, puedes aprovechar para hacer ejercicios de cardio más intensos, ejercicios de resistencia y ejercicios de fuerza con la ayuda de pesas.

A través de mis programas educativos y canal de YouTube de Mujer Naturista®, comparto videos de rutinas de ejercicios tanto mías como en colaboración con otros profesionales del ejercicio, de las cuales te puedes beneficiar, uniéndote a mi tribu.

Alimento de 11:00 a. m. a 6:00 p. m.

Recuerdas el dicho "No eres lo que comes, sino cuándo lo comes". Es momento de ponerlo en práctica. Pensar en cuándo alimentarte es muy importante. Lo ideal es mantener una ventana de alimentación de 8 horas que vaya en sincronía con la luz más fuerte del sol. Esto va a variar según las estaciones del año, pero en promedio de 11:00 a. m. a 6:00 p. m. es una buena ventana para ingerir los alimentos. Realiza una, dos o tres comidas durante ese periodo. La cantidad de comidas a realizar dependerá de tu metabolismo, actividad física o meta de salud. Si tu meta es bajar de peso, haz el esfuerzo de hacer solo una o dos comidas. Si tu meta es mantener tu peso y salud, puedes hacer 3 comidas. No es necesario comer cada dos o cuatro horas. No te obligues a comer sino tienes hambre. Sigue tu instinto. Una vez que hayas limpiado tu sistema y recuperado tu ritmo biológico, recuperarás también el instinto innato de tu apetito.

Hay mujeres que tienden a tener metabolismos y sistemas digestivos más lentos, cuando reajustan el ritmo de su apetito a través del Detox, se dan cuenta de que solo les da hambre una vez al día. Si este es tu caso, pues este es tu ritmo innato. Solo procura escoger alimentos nutritivos y de calidad cada vez que comas. La calidad es mucho más importante que la cantidad.

Así que, para recuperar el tu ritmo natural, empieza por extender tu desayuno hasta las 11:00 a. m., luego haz un almuerzo a las 2:00 p. m. y una cena a las 6:00 p. m. La hora de la última comida no debe pasar de las 7 de la noche idealmente. Las horas de la tarde son ideales para actividades recreativas, de despeje y reposo que te preparen para dormir. Comer muy tarde hará que tengas digestiones más pesadas que a su vez te impedirán reconciliar un buen sueño. Además de que las digestiones muy pesadas fomentan la fermentación y la putrefacción de los alimentos, haciendo que en vez de nutrirte te auto-intoxiques, promoviendo entonces el aumento de peso debido a la intoxicación y la desnutrición.

Así es como debe ser tu rutina según tu ritmo biológico. Ahora, debes ajustar tu rutina de responsabilidades a este ritmo. Es un error hacerlo al revés. No adaptes tu ritmo biológico a tu rutina de responsabilidades, esto tendrá consecuencias en tu salud física, mental y también en tu peso. Sin embargo, no quiere decir que un día que te salgas del ritmo sea contraproducente. Aunque tu naturaleza lleva un ritmo, entendemos que vivimos en una sociedad que lleva otro. Además, la naturaleza nunca es continua, el ritmo conlleva tonos altos y bajos. Así que teniendo en cuenta que debes seguir tu rutina a la par con tu ritmo biológico, que te salgas del ritmo por periodos cortos, no será contraproducente si vuelves a tomarlo de inmediato. Recuerda que tal vez un viaje, una celebración o un evento inesperado pueden hacer que te salgas del ritmo, lo importante es regresar a este tan pronto te sea posible.

Aprende a llevar una rutina desde las prioridades. Lo que no cabe en tu día, lo puedes hacer el próximo día, no te sobrecargues de cosas que hacer. Primero va tu cuerpo, sin un cuerpo en armonía no podrás llevar a cabo tus responsabilidades y roles con equilibrio y amor.

Equilibra tus 5 elementos

Agua

Evalúa cuánta cantidad de agua estás ingiriendo diariamente. Si tienes alguna condición de salud o estás fuera de tu peso ideal, para optimizar tu sistema debes empezar a ingerir una onza de agua por libra de peso. Esto ayudará a que tu sistema trabaje al máximo para equilibrar los procesos. Si estás en tu peso correcto o cuando llegues al mismo, entonces media onza de agua por libra de peso será suficiente. Recuerda que la calidad del agua es muy importante para que pueda hacer su función eléctrica. Primero que todo, el agua debe ser potable. Si es posible, lo ideal es agua mineral o la puedes mineralizar utilizando una pizca de sal de Himalaya y una pizca de bicarbonato de sodio libre de aluminio por cada 8 oz de agua. Te recomiendo purificar el agua del grifo para evitar el exceso de cloro y otros metales pesados. Además, evita el uso de botellas de plástico, principalmente si no son libres de BPA. Algunas señales de que estás ingiriendo poca agua son: no orinar, orina muy amarilla o color ámbar, piel seca, pies cuarteados, mareos, ojos hundidos y ojeras. La hipoglucemia es una señal de deshidratación, no necesariamente falta de glucosa. Cuando por falta de agua la sangre está muy densa como para subir al cerebro y llevar oxígeno, puede producir los mareos característicos de esta enfermedad.

Aire

¿Estás inhalando y exhalando correctamente? La mayoría de las personas no respira adecuadamente. Los ejercicios de respiración consciente ayudan a recuperar el ritmo natural de la respiración cuando este se ha perdido por el estrés o la rutina. También la actividad y el ejercicio físico por las mañanas tienen excelentes beneficios. Es muy importante recordar que la respiración correcta debe ser a través de la nariz y de forma profunda. Esto nos ayuda a que se utilice la parte más baja de los pulmones. Cuando la parte baja de los pulmones se activa, estos bombean más oxígeno al resto del cuerpo. A mayor oxígeno disponible en el cuerpo, mejor será alcanzado por las células y de esta forma se mantendrán los tejidos y los órganos funcionando de forma correcta. El ejercicio regular promueve la respiración que ayuda a mantener un ritmo y niveles adecuados de oxígeno, pero hacer respiraciones profundas diariamente también es una buena herramienta a integrar en tu nuevo estilo de vida.

Respirar correctamente implica inhalar lentamente por la nariz, expandiendo el abdomen, luego manteniendo la boca cerrada y exhalar por la nariz contrayendo el abdomen. Cuando realizas ejercicio intenso, recuerda siempre inhalar y exhalar por la nariz. Durante tu día, practica la respiración profunda y consciente en momentos en los que empieces o termines algo, por ejemplo, cuando te levantas en la mañana y antes de dormir, antes de bañarte y después de bañarte, antes de comer y después de comer, antes de salir de tu casa y cuando llegues a tu casa, antes de comenzar una reunión después de terminar la reunión. Esto ayudará a que vayas creando el hábito de respirar mejor.

Algunas señales de que no estás respirando correctamente son: fatiga, sudor excesivo, respiración acelerada y presión alta.

Fuego/Luz

¿Estás tomando sol de forma consciente? Toma al menos 20 minutos de sol diariamente. La persona de piel clara requerirá de mínimo 20 minutos, sin embargo, mientras más melanina y más oscura la piel, se requiere más, al menos una exposición de 30 a 40 minutos.

Las horas recomendadas para tomar sol según el naturismo son antes de las 10 de la mañana o después de las 4 de la tarde. Se recomienda exponer al menos 18% del cuerpo, es decir, brazos sin mangas largas y rostro. A menos que te excedas por más de una hora, no utilices bloqueador solar mientras tomas sol consciente, ya que bloquea la absorción de los compuestos que producirán vitamina D. Si te excedes de una hora y te expones en horas de actividad solar máxima: entre 11 de la mañana y 3 de la tarde, utiliza protector solar con un mínimo de 15 FPS y un máximo de 50 FPS y que no contenga ingredientes nocivos como la oxibenzona y palmitato de retinol, ya que estos compuestos al ser absorbidos por la piel se han asociado con el cáncer. Algunos síntomas de falta de luz solar son bajos o insuficientes niveles de vitamina D. Si resides en países donde los inviernos son muy largos, será necesario suplementarte con vitamina D, aunque suplementarte no tiene igual absorción que cuando el mismo cuerpo la sintetiza, por eso el uso de la luz solar podrá ayudarte. Sin embargo, ten en cuenta que para producir vitamina D a partir de la luz solar, es esencial que el hígado y los riñones funcionen bien. Si vives en un lugar donde la luz solar es abundante y te expones a la misma, y aun así tienes niveles deficientes de vitamina D, es probable que tu hígado y riñones estén saturados y necesiten depuración.

Tierra

¿De dónde viene la mayor parte de los alimentos que consumes? Los alimentos de la tierra son los que van a nutrir tu terreno. Para equilibrar este elemento, debes cambiar la fuente de tus alimentos al menos a un 80% frescos y cosechados orgánicamente en la tierra. Concéntrate en hacer tus compras en la sección fresca del supermercado. Elimina de tu cocina todo lo que sea producido en una planta industrial y no por una planta natural. Evita en mayor medida los alimentos enlatados, las comidas pre hechas con alto contenido de sodio, los cereales procesados y empacados en cajas, los jamones y embutidos empaquetados en plástico, los dulces y chocolates comerciales elaborados con jarabe de maíz, los quesos altamente procesados, los productos creados en su mayoría a base de maíz, trigo y soya, ya que son los cultivos más genéticamente modificados y rociados con pesticidas químicos.

Evita las papitas y *popcorn* de bolsas preparados con aceites hidrogenados (grasas trans) o con aceites de canola, girasol, maíz y cártamo. Evita cocinar con el uso de aceites vegetales altamente procesados y sin refinar como el de maíz, canola, cártamo y soya. Evita y consume solo de forma ocasional, las harinas refinadas y alimentos blanqueados y productos a base de harinas refinadas y blanqueadas como pan blanco, bizcochos, galletas, pasta, arroz blanco, cereales y productos de panadería. Evita en mayor medida la carne roja, la carne blanca y los mariscos. Consúmelos eventualmente y de fuente íntegra como de granjas de pastoreo, no industriales. Evita la carne y productos elaborados con soya. Evita la leche de vaca y productos a base de leche de vaca como mantecados y helados, consume estos productos solo esporádicamente. También evita todo producto con edulcorantes artificiales como el jarabe de maíz. Evita azúcar blanca refinada, así como los refrescos y jugos industriales. Evita los condimentos y productos con color y sabores artificiales.

En su mayoría, estos productos mencionados tienden a causar inflamación e intolerancia que afectan los procesos vitales del cuerpo y provocan respuestas inmunes que causan inflamación. El síntoma más común de que estás consumiendo mucho producto procesado es la producción de mucosidad. Esto se manifiesta como congestión nasal, sinusitis, alergias, asma, inflamación, sobrepeso y obesidad, dolores menstruales, dolor en las articulaciones, endometriosis. Si quieres regenerar tu peso ideal y salud en su mayoría también debes evitar los alimentos más inflamatorios: *el azúcar, el alcohol, el trigo, los lácteos y los aceites vegetales* y no introducirlos en tu dieta hasta que hayas recuperado tu peso ideal y tu energía vital. Luego, si los introduces de forma ocasional, procura apoyar los procesos de eliminación del sistema para que evites sus efectos nocivos y pro inflamatorios.

Comer de la tierra es mucho más fácil y sencillo. Enfócate en la sección fresca del supermercado. Elige los alimentos frescos y menos manipulados por la mano industrial. En su mayoría frutas, vegetales y verduras de cultivo orgánico, local y biológico. Elige alimentos enteros e integrales como la avena, el arroz integral, el pan de casabe, la quínoa o pan de granos germinados y sin gluten. Usa aceitunas, nueces, semillas y frutos secos como fuente de ácidos grasos. Usa miel, jarabe de arce, extracto de dátil o estevia como edulcorantes.

Elige aceites sin refinar, prensados en frío y extra virgen como el de oliva, coco, ajonjolí o linaza para cocinar o preparar tus alimentos. Ocasionalmente elige mantequilla clarificada o de animal de pastoreo. Como proteína, escoge mayormente las legumbres secas, remójalas, germínalas y ablándalas, ya que haciendo esto su aporte de nutrientes será mayor.

Come semillas germinadas y alimentos crudos como la cebolla y el ajo en tus ensaladas frescas. Ocasionalmente elige comer huevos orgánicos de gallina libre, pescado salvaje no criado en grajas. Utiliza quesos de animales más pequeños como el queso de oveja. Utiliza hierbas y especias frescas o secas para condimentar. Usa sal de Himalaya y vinagre de manzana para preparar aderezos. Prepara vegetales y legumbres fermentadas.

Se trata de regresar a las prácticas de cocina ancestrales que se perdieron. La cocina naturista rescata todos estos elementos. En mi curso y clases online de cocina naturista para principiantes, comparto estas prácticas. Lo puedes conseguir en mi página web www.mujernaturista.com

Otra señal de que estás comiendo muy procesado y necesitas regresar a los alimentos de la tierra es la deficiencia mineral. Síntomas como uñas débiles, cabello seco y débil, debilidad y rigidez del cuerpo, cansancio, entumecimiento, adormecimiento de las manos y pies son señales de falta de minerales en el sistema que ya cuando se manifiestan es muy probable que algún órgano esté padeciendo alguna deficiencia.

La tiroides es uno de los órganos más afectados por la falta de minerales y el exceso de toxinas. La mayoría de los problemas de peso y hormonales comienzan con desequilibrios metabólicos debido a la alimentación pobre en nutrientes o a los excesos de toxinas y estrógenos. Para equilibrar tus hormonas y recuperar el cuerpo de la diosa, es vital tomar consciencia de la fuente de tus alimentos. Regresa a conectar con la tierra, a través de los alimentos crudos y orgánicos que provengan de una agricultura y procesos íntegros, tanto para ti como para el planeta tierra.

Éter

Ya que este elemento tiene que ver con mantener emociones sanas y una actitud constructiva en todo, lo discutiremos en la sección de las herramientas para liberar la mente y elevar tu ser.

Equilibrar tus cuatro elementos básicos es muy fácil. Es cuestión de consciencia y de abrirte al cambio para adaptar tu rutina de vida a tu ritmo biológico y al mantenimiento de tus cinco elementos. También es cuestión de planificación. Utiliza tu agenda o celular para programar recordatorios de consumir agua o respirar de forma consciente. Puedes usar las alarmas para recordarte hacer espacio para tus actividades recreativas, para tus ejercicios y para las horas de tus comidas. La tecnología puede ser tu mejor herramienta si la usas a tu favor.

Ten en cuenta que si no has mantenido tu ritmo biológico y no has equilibrado tus cinco elementos, es muy probable que se hayan afectado tus 5 procesos vitales. Para repararlos es obligatorio, primero, regresar a tu ritmo biológico y equilibrar tus cuatro elementos. A continuación, te comparto detalles de cómo empezar a reparar tus cinco procesos vitales luego de recuperar tu ritmo biológico y equilibrar tus cinco elementos.

Reparación de tus cinco procesos claves

Coordinación nerviosa

La ansiedad, el estrés, el insomnio, la depresión, falta de concentración, mente nublada, nerviosismo, diarreas y estreñimiento alternados son posibles síntomas de que necesitas reparar tu coordinación nerviosa.

El miedo y el estrés tienen un gran impacto en tu salud y la de tu ciclo hormonal. Afectan directamente tu hipotálamo, quien es tu centro comando de las señales del cerebro. Bajo estrés, toda tu coordinación nerviosa se afecta. Imagina que una orquesta pierde el contacto visual con su maestro coordinador, será toda una descoordinación desastrosa para el evento. Aunque un poco de estrés te aporta buena adrenalina, el estrés crónico es peligroso. Bajo estrés crónico, tus óvulos apagan su función reproductora y el cortisol en exceso se convierte en una hormona dañina, tanto para tu metabolismo como para tu ciclo hormonal. Regulando tu ritmo biológico y recuperando tu ciclo de sueño, ya comenzarás a experimentar mejor coordinación nerviosa, sin embargo, estas son algunas prácticas que te apoyarán en regular tu sueño y buen descanso:

- Relájate y disfruta. Por la tarde, desconéctate del trabajo y las redes sociales y dedica tiempo a alguna actividad que te relaje, te guste y te genere placer. Puede ser bailar, pintar, ver películas, pasear las mascotas. Comprométete a practicar al menos dos horas de tu día, cosas que ames y disfrutes.

- Meditación, masaje y yoga. Se ha comprobado que la meditación, el masaje y el yoga son prácticas que promueven el equilibrio de la coherencia cardiaca y a su vez la relajación. Practica yoga 3 veces en semana. Date la oportunidad de un buen masaje, aromaterapia o facial una vez al mes. En la página de www.mujernaturista. com te ofrecemos acceso a clases de yoga virtual.

- Magnesio. El magnesio es el mineral clave para calmar tu sistema nervioso y promover un sueño sano. Más adelante te ofrezco detalles sobre la dosis correcta. Si es líquido será mucho mejor para su debida absorción.

- Vitaminas del grupo B. Son esenciales para reducir las respuestas al estrés y mejorar la ansiedad. También aumentan los niveles de los neurotransmisores como el GABA y serotonina, los cuales son calmantes. Escoge un complejo de vitaminas B que contenga colina y vitaminas B5 y B6. Si es líquido será mucho mejor para su debida absorción.

- *Rhodiola Rosea*. Es una hierba medicinal utilizada mayormente en Europa. Ayuda a proteger al cerebro del cortisol y los neurotransmisores excitadores. Un estudio doble ciego con individuos participantes probó la eficacia de la Rhodiola en el tratamiento para el estrés y la fatiga crónica. La cantidad exacta de la hierba dependerá de la concentración de la fórmula. Puedes combinarla con otras hierbas adaptógenas como la *Ashwagandha*. Para mejor efectividad debes usarla dos veces al día por tres meses(Erik M Olsson, 2009).

- Melatonina. Promueve el sueño y es particularmente beneficiosa cuando hay insomnio debido a depresión, cambios de horario por viajes o envejecimiento. Se recomienda tomar 3 mg, 30 minutos antes de dormir. No es adictiva, y además funciona como un poderoso antioxidante que protege el cerebro y ayuda en la función inmune.

- *PassifloraIncarnata*. Es una planta que ha sido utilizada por los nativos norteamericanos y andinos para tratar muchas afecciones. En un ensayo publicado en *Phytotherapy Research Trusted Source*, los participantes bebieron una dosis diaria de té de hierbas con pasiflora púrpura. Después de siete días, informaron mejoras en la calidad de su sueño. Los investigadores sugieren que la pasiflora púrpura puede ayudar a los adultos a controlar las irregularidades leves del sueño (Ashpari, 2018).

Nutrición

El sobrepeso, la obesidad, el colesterol alto, la diabetes, los triglicéridos altos, la amenorrea (falta de menstruación), desequilibrios en la menstruación, la inflamación, los dolores menstruales y la mayoría de los desequilibrios hormonales son síntomas de que necesitas reparar tu proceso de nutrición.

La nutrición está compuesta por micronutrientes y macronutrientes. Los micronutrientes son vitaminas y minerales que son esenciales para la salud de tu metabolismo y ciclo hormonal. Hay docenas de micronutrientes y tú los necesitas todos, pero afortunadamente no necesitas suplementarte con todos. Solo será necesarios suplementar o poner mejor atención a aquellos que son más difíciles de obtener a través de la alimentación hoy en día.

- Magnesio. Los alimentos altos en magnesio incluyen las nueces, semillas y vegetales verdes. Pero, para la mayoría no es suficiente esta fuente alimenticia. El estrés y la alimentación alta en azúcares hace que este mineral se agote más rápido. El magnesio ayuda a calmar tu sistema nervioso, ayuda a calmar la tiroides y promueve un metabolismo sano. A menos que tengas problemas en los riñones, suplementarte con magnesio por tiempo prolongado es seguro. Es recomendable 300 mg diarios de magnesio chelate, tomar las cápsulas con la comida o en el agua de forma líquida.

- Zinc. La carne roja y el huevo son las fuentes más conocidas de zinc. También el chocolate negro y las semillas de calabaza. Es muy probable que, si tienes antojos premenstruales de chocolate, sea por deficiencia de zinc. El zinc ayuda en la función inmune, trabaja como antiinflamatorio, regula la respuesta al estrés y nutre los ovarios. Tu cuerpo no puede almacenar el zinc, es por esto que necesitas una dosis diaria de al menos 30 mg de zinc citrate o zinc picolinate justo antes o después de comer.

- Vitamina D. La vitamina D es realmente una hormona que regula la expresión genética, la función inmune y la función hormonal. Es esencial tanto para la salud ovulatoria como para el metabolismo de la insulina. Ayuda también a absorber el calcio. Aunque normalmente se sintetiza a partir de los precursores de colesterol, cuando expones tu piel a la luz del sol algunos desequilibrios como la obesidad, la inflamación crónica y la deficiencia de magnesio limitan su síntesis correcta. El nivel normal de vitamina D debe ser 30 a 50 ng/ml (75-125 nmol/L). Si hay deficiencias, se considera ideal tomar 2,000 IU justo antes o después de comer. Algunos alimentos pueden aportar vitamina D como la yema de huevo y pescados, aunque su absorción no es la ideal.

- Yodo. Se conoce por su importancia para la función de la tiroides, sin embargo, también juega un papel importante en la salud hormonal. Es uno de los minerales más deficientes en la dieta moderna. Ayuda a metabolizar y desintoxicar correctamente el estrógeno en exceso. Tus ovarios necesitan yodo para producir una ovulación saludable. La dosis diaria recomendada de yodo es 150 mcg (0.15 mg), aunque algunos profesionales de la salud alternativa entienden que es una dosis muy baja. Si tienes una condición autoinmune en la tiroides, es ideal la dosis mínima recomendada de 150 mcg (0.15 mg); si no tienes ninguna condición en tu tiroides, entonces una dosis mínima de 250 mcg (0.25 mg) en forma de yodo de potasio (KI) o yodo molecular (I2). Es recomendable utilizar el yodo con selenio, el cual protege a la tiroides. Fuentes alimenticias de yodo también son la sal iodada (400 mcg por cucharadita), los mariscos (10-190 mcg por 100 g), mantequilla de leche de vaca de pastoreo, setas y vegetales verdes que son cultivados en suelos altos en yodo.

La fuente diaria e idónea de los principales minerales son el agua de manantial, las frutas y vegetales frescos y orgánicos. Cuando hay desequilibrios metabólicos, hormonales y en el peso, recomiendo, y utilizo personalmente, minerales y vitaminas de forma líquida ya que son de mejor absorción. Para optimizar las funciones del sistema, es necesario suplementarse con un complejo mineral y vitamínico de buena fuente y calidad por al menos tres meses a seis meses. La ingesta de al menos 6 variedades de vegetales y 2 frutas al día es recomendada por la alimentación naturista para aportar minerales y enzimas. En forma de zumos de vegetales y frutas son de mayor absorción y asimilación. Tomar diariamente mínimo 12 oz de zumo de vegetales y frutas complementando tu alimentación naturista, también es una forma de suplir a tu sistema altas dosis de minerales y vitaminas frescos.

Los vegetales reducen la inflamación, aportan nutrientes importantes como vitamina C, folato y magnesio, nutren la flora intestinal y aportan fitonutrientes. Los fitonutrientes son antiinflamatorios, componentes químicos de las plantas que en su mayoría tienen efectos terapéuticos. Algunos de los fitonutrientes se conocen en su mayoría como antioxidantes, pero la ciencia moderna ha venido comprobando que estos tienen acción directa en la reparación de las células y su ADN. También pueden ayudar a modificar la función metabólica y hormonal. Se dice que los fitonutrientes pueden accionar como interruptores que prenden y apagan genes antiinflamatorios y antienvejecimiento.

Algunos fitonutrientes se conocen como fitoestrógenos. Se les llama de esta manera porque se ha comprobado que pueden tener una acción parecida a los estrógenos en el cuerpo, pero no son estrógenos en sí. Los fitoestrógenos se unen a los receptores de estrógenos y actúan más como fitoestrógenos, no como estrógenos, por esto pueden ser beneficiosos cuando hay estrógeno en exceso. Sin embargo, también trabajan de acuerdo a la necesidad del sistema. Se encuentran mayormente en las nueces, semillas, granos integrales y legumbres. En cantidades moderadas, son saludables. En largas cantidades pueden suprimir la ovulación y alterar el ciclo.

Los macronutrientes esenciales son los aminoácidos, los almidones y los ácidos grasos. Necesitas consumir diariamente de los tres en una cantidad adecuada. Aquí te los menciono en orden de importancia y prioridad de consumo:

- Almidones. Los almidones o carbohidratos complejos son una buena fuente de energía y fibra prebiótica. Aunque se les ha hecho una guerra a los carbohidratos, en realidad lo que hay que evitar son los carbohidratos simples y refinados y consumir los almidones en cantidad correcta. Los almidones ayudan a calmar el sistema nervioso, mayormente contienen fibra prebiótica como alimento para la flora intestinal y ayudan con la activación de la tiroides. Lo ideal para una mujer adulta es 150 gramos de carbohidratos al día. Esta cantidad es equivalente a 3 frutas, 2 papas, media taza de arroz integral y una taza de avena no instantánea durante todo un día. Una dieta baja en carbohidratos detiene la tiroides y puede causar estreñimiento e insomnio. Los carbohidratos son importantes para una buena ovulación y regulación de tu ciclo hormonal.

- Ácidos grasos. Ácidos grasos esenciales como el omega 3 y 6 y el colesterol son esenciales para la regulación hormonal, ya que son los bloques constructores de las hormonas, estrógenos y progesteronas, además de que son antiinflamatorios. El cuerpo puede producir otros ácidos grasos, pero no el omega 3 y 6, por eso son necesarios en la alimentación. Aunque algunos aceites pueden aportar beneficios antiinflamatorios y ácidos grasos esenciales, la fuente ideal de los ácidos grasos esenciales debe ser el alimento entero. El equilibrio en la ingesta de ambos es esencial. En general, es suficiente una fuente de cada ácido graso y colesterol, para completar en total entre 40 a 70 gramos de grasas al día. Si utilizas el alimento entero pues evita el aceite, o viceversa.

- Fuentes de ácidos grasos omega-3 (Alpha- Linolenic Acid): semillas de chia, linaza, "walnuts".

- Fuentes de ácidos grasos omega-3 (Eicosapentaenoic Acid) y (Docosahexaenoic Acid): sardinas, salmón, trufas, ostras y almejas.

- Fuentes de ácidos grasos omega-6: semillas de girasol, semillas de calabaza, pistachos, nueces de pino, coco, leche de coco o aceite de coco, aceitunas o aceite de oliva, aguacate y aceite de aguacate, queso de cabra, huevos de gallina feliz, mantequilla real de leche de vaca de pastoreo.

- Fuentes de colesterol: yema de huevo, queso de cabra, queso fresco, mantequilla real de leche de vaca de pastoreo.

- Grasas a evitar: aceites de semillas procesadas como la canola, el maíz, el algodón, maní, cártamo, soya y girasol. Y evitarlas en mayor medida cuando han sido sometidas al calor (frituras), ya que se oxidan. Evitar las margarinas y los aceites hidrogenados (grasas trans) que se encuentran en comidas fritas y horneadas de forma comercial.

- Aminoácidos. Los aminoácidos son los bloques constructores de las proteínas. Se encargan de producir estructuras, reparar tejidos tanto muscular como del sistema inmune, nervioso y hormonal. Se recomienda al menos un gramo de fuente de aminoácidos por cada kilogramo de peso. Si pesas 150 libras, son aproximadamente 68 kilogramos y eso equivale a aproximadamente 68 gramos de fuentes de aminoácidos. Eso es equivalente a aproximadamente 1 servicio de proteína animal (huevos, pescados, quesos) y 2 servicios de proteína vegetal (4 tazas de lentejas) o solamente 4 servicios de proteína vegetal al día. Si te alimentas de solo proteína animal, debes combinar granos y legumbres para obtener los aminoácidos completos. También debes considerar el efecto fitoestrógeno de la proteína vegetal y cuánto podría ser contraproducente como para tener un efecto antiestrogénico.

La alimentación naturista recomienda consumir huevos y lácteos no inflamatorios como el queso de cabra o de oveja, también el yogurt o suero de yogurt de forma moderada. En lo personal, si ya una persona ha recuperado su peso ideal y vitalidad, me gusta añadir pescados, carnes de fuente íntegra como el cordero muy ocasionalmente, considerando no ingerir proteína animal en exceso, no más de 3 veces en la semana, ni más de una vez al día.

El problema con la proteína animal comienza cuando hay estancamiento por excesos. Sí, es real, la digestión de la proteína animal es más lenta y su descomposición produce residuos metabólicos tóxicos como las nitro aminas: cadaverina y putrecina. Sin embargo, si mantienes un ritmo natural y adecuado de ingesta de producto animal, le darás a tu sistema la oportunidad de desechar los residuos y desintoxicarse sin que haya estancamiento.

Para esto, también es esencial que tus procesos de desintoxicación estén funcionando a la perfección. La fuente limpia y correcta del producto animal también es vital. Se deben evitar las carnes de animales criados industrialmente, ya sea en corrales o jaulas. Los animales deben ser libres y no ser alimentados con otra cosa que no sea grama. Por otro lado, se deben evitar los pescados que no sean capturados de forma silvestre y que están criados en granjas. Si estás en un tu proceso de regeneración de peso o alguna condición de salud, es recomendable no integrar estos productos de origen animal.

En lo particular me gusta estudiar y seguir la sabiduría ancestral de las tribus. Dicen que las tribus tienen la alimentación perfecta, variada y natural. Es debido a que son cazadores y recolectores, en vez de compradores de alimentos industriales en el supermercado. Un grupo de investigadores de la Universidad de Duke, en EE UU, han estudiado las poblaciones de cazadores recolectores, notables por su excelente salud metabólica y cardiovascular. Los resultados de este estudio publicados en la revista *Obesity Reviews*, mostraron que las patologías metabólicas y cardiovasculares son muy raras en estas poblaciones y la prevalencia de obesidad es menor al 5%. Regresar a cazar y recolectar es algo que sería imposible para nosotros hoy en día. Pero, lo ideal sería poder sembrar nuestro propio alimento y criar animales de granja. También tienes la opción de apoyar con tus decisiones de compra la agricultura y ganadería íntegra y regenerativa, más que la industrial.

Para nutrirte sigue a tu cuerpo y una vez que lo hayas limpiado te darás cuenta de que conectarás mejor con él. Sabrás de forma muy intuitiva qué cosas debes comer y qué no, cuándo debes comer y cuándo no. También te dirá cuándo debes limpiarte. Es algo maravilloso poder restablecer la comunicación con tu cuerpo. Nadie mejor que tu podrá entender auténticamente las necesidades de tu sistema. Solo sé consciente de seguir la naturaleza para apoyar tú naturaleza.

De acuerdo a tu estado de salud y casi siempre por los primeros tres meses, será necesario suplementarte o integrar alimentos que sirven como complemento a la alimentación, los cuales aportan vitaminas, minerales y son revitalizantes. Esto es para poder suplir las deficiencias o carencias, ya que los alimentos industriales carecen de minerales y vitaminas que son esenciales para el funcionamiento del sistema. Algunos complementos alimenticios pueden ayudar como la levadura de cerveza (en polvo o líquida), aceite de hígado de bacalao, semillas germinadas o agua de semillas germinadas (conocido como Rejuvelac), germen de trigo, espirulina, comprimidos de huesos o de algas, melaza, jalea real, aceite de hígado de bacalao, zumo de vegetales, clorofila y suplementos minerales y probióticos.

Digestión

¿Estás apoyando la nutrición o la intoxicación con tu digestión? Síntomas como acidez, reflujos, eructos, gases, mal aliento, flatulencias, ardor estomacal y sensación de estómago lleno son síntomas de una pobre digestión. El problema con la pobre digestión es que, en vez de nutrir, intoxica, ya que los alimentos se fermentan y se pudren aportando sustancias tóxicas en vez de nutrientes. La base de una buena digestión es la alimentación natural, ya que es la que proporciona las enzimas y alimento probiótico y prebiótico que fortalecen los procesos digestivos. Con el simple hecho de empezar a modificar tu alimentación, la mayoría de los síntomas digestivos desaparecerá y podrás empezar a corregir este proceso. Sin embargo, me gustaría darte unas recomendaciones básicas para apoyar la corrección de tu sistema digestivo:

- Evita tomar agua durante y justo después de comer, ya que diluye los jugos gástricos, impidiendo su eficiencia digestiva.

- Evita el agua fría, las bebidas frías y el hielo. Especialmente antes o después de comer.

- No ingieras alimentos si estás bajo mucho estrés o emociones intensas, ya que el cuerpo estará menos enfocado en hacer procesos digestivos.

- Media hora antes o después de comer puedes ingerir un té caliente de hierbas que promueva la digestión, como manzanilla, menta, regaliz y cardo mariano.

- Supleméntate con probióticos que puedan apoyar una flora intestinal fortalecida. Un probiótico de calidad debe tener mínimo 10 billones de CFU organismos por toma. Esto será sumamente necesario especialmente si a pesar de hacer los cambios sugeridos en la alimentación sigues teniendo síntomas digestivos como gases, flatulencias e hinchazón abdominal.

- Apoya tu digestión

  - 15 minutos después de comer ingiere frutas enzimáticas que apoyan la digestión: papaya, piña, manzana y pera.

  - Después de comer, toma una tizana de alguna planta con alto contenido de enzimas:

    - Hojas de guanábana

    - Hojas de aguacate

    - Hojas de mango

    - Cáscara de piña

  - Tomar un suplemento natural de un complejo de enzimas digestivas que contenga amilasa, proteasa, lipasa, papaína y bromelina. Especialmente si a pesar de hacer los cambios sugeridos en la alimentación, observas en tus heces trozos de comidas o fibras de diferentes colores que te recuerdan lo que has comido.

- Come las frutas con el estómago vacío, idealmente abriendo como primera comida del día, después del ayuno.

- Sigue las combinaciones armoniosas con cada grupo de alimentos como sugiere la imagen y evita las combinaciones que harán digestiones bombas.

Si quieres ver la imagen de combinaciones para una digestión sana. Envíame un correo a mujernaturista@gmail.com

Circulación

¿Te hace falta reforzar tu circulación? El cansancio en las piernas, frío y dolor en las extremidades, sentir hormigueo, adormecimiento o calambres, hinchazón de los pies, várices, heridas que tardan en curarse y cambios de temperaturas son síntomas de una pobre circulación sanguínea. El ejercicio, la nutrición, la ingesta de agua y un buen proceso de desintoxicación son factores importantes para empezar a corregir este proceso. Sin embargo, si necesitas darle soporte, estas son algunas recomendaciones:

- Vitaminas del grupo B. Especialmente la vitamina B3, también llamada niacina, sirve para fortalecer los vasos sanguíneos y aumenta el flujo de sangre para que llegue sin problema a las extremidades. Utiliza un complejo B en forma líquida, para mejor absorción.

- *GotuKola* (Centella Asiática). Una hierba de la familia del perejil, utilizada en la Medicina Tradicional China que tiene evidencia de apoyar los procesos de circulación. La ingesta de esta hierba o un extracto específico de ella (centellase) durante 4 a 8 semanas parece mejorar la circulación sanguínea y reducir la hinchazón en personas con mala circulación sanguínea en las piernas. La *gotukola* podría ayudar a prevenir la formación de coágulos de sangre durante vuelos largos en avión. Las primeras investigaciones muestran que podría disminuir la retención de líquidos y mejorar la circulación sanguínea en personas que viajan en avión durante más de 3 horas. Existe alguna evidencia de que tomarla durante 3 meses a 4 años, con o sin pino marítimo, podría ayudar a estabilizar estas placas, por lo que es menos probable que se desprendan y provoquen la formación de coágulos. Esto podría reducir el riesgo de un ataque cardíaco o un derrame cerebral.

- *Ginkgo Biloba.* Una planta nativa de China utilizada desde hace 200 millones de años, conocida por su ayuda en mejorar la circulación. Tiene evidencia científica de apoyar la buena oxigenación. Tomar extracto de hoja de ginkgo por vía oral parece aliviar la sensibilidad de los senos y otros síntomas asociados con el síndrome premenstrual cuando se inicia durante el día 16 del ciclo menstrual y se continúa hasta el día 5 del ciclo siguiente.

- *Angelica Archangelica.* Planta conocida en la Medicina Tradicional China que se ha usado para purificar la sangre, producir sangre y apoyar así la circulación. Se ha utilizado como depurativo de la sangre, para favorecer la circulación sanguínea. Alivia los problemas de circulación periférica y reduce la presión arterial alta actuando para estabilizar los vasos sanguíneos. La parte superior de la raíz se considera un gran constructor de sangre. La cola de la raíz se utiliza en emergencias como disolvente de coágulos de sangre después de accidentes graves. También apoya la reducción de edemas relacionadas con la inflamación de los ganglios linfáticos (linfedema).

Desintoxicación

¿Estás apoyando tus procesos de desintoxicación? El estreñimiento, el acné, mal aliento, náuseas, catarros frecuentes, olor
corporal y vaginal fuerte, heces con olores muy fuertes, antojos
por comidas, aumento de peso sin explicación son síntomas de
que tu proceso de desintoxicación no se está dando de forma
eficiente.

La desintoxicación es un proceso que suele pasarse por alto,
se ignora o se subestima en la medicina convencional. Los ácidos
tóxicos provienen tanto de productos normales del catabolismo
celular o de cantidades variables de material tóxico proveniente del aire, los alimentos y otras fuentes ambientales. Cuando
podemos eliminarlos del organismo no hay problema alguno,
pero cuando las toxinas se asimilan o se crean en el cuerpo más
rápidamente de lo que pueden ser eliminadas o cuando uno o
más de los sistemas de eliminación muestra un descenso de su
actividad, entonces podemos encontrarnos con problemas.

Hay personas que tienen un organismo hipoactivo, carecen de
la capacidad para eliminar toxinas y son más propensas a enfermar sino están conscientes de apoyar sus procesos de limpieza y
eliminación. Esto pasa mucho con los latinos, lo veo a diario en
mis consultas. Personas con buena herencia de salud que están
enfermas principalmente por exceso de toxinas o deficiencias
nutricionales, relacionadas a un mal estilo de vida. ¿Cómo puedes
apoyar tu proceso de desintoxicación?

- Procurar una defecación adecuada. Cuando los intestinos funcionan correctamente, se vacían una o dos veces
  al día —no necesariamente a una hora fija-, las heces
  son bien moldeadas, salen fácilmente, no tienen un olor
  tenso y después de evacuar debería quedar la sensación
  de haber vaciado bien.

  - Laxantes suaves. Poner en remojo 3 a 6 ciruelas pasas
    durante todo el día en un vaso de agua. Por la noche,

REGENERA TU CUERPO, DESPIERTA LA DIOSA EN TI

una hora antes de dormir, beberse el agua y comerse la fruta.

- Apoyar y mantener un intestino sano. Un intestino sano necesita suficiente agua, un buen tono nervioso, un buen tono muscular, una circulación adecuada y los nutrientes bioquímicos correctos. Sin embargo, la limpieza debe darse primero, para poder reparar el tejido tisular. Las hierbas depurativas del intestino y los enemas son técnicas que puedes integrar en tu estilo de vida, para apoyar y mantener un intestino sano. Recientemente preparo los enemas herbales con propósitos tanto depurativo como terapéutico, ayudando a expulsar tanta materia fecal acumulada, pero también apoyando la eliminación de patógenos como virus, bacterias y hongos.

  - Enema de hierbas con bolsa de enema de 2 litros. Hierve 8 tazas de agua y deja en infusión 5 bolsitas de té de manzanilla. Añade esta infusión caliente a 60 onzas de agua destilada a temperatura ambiente. Llena el recipiente del enema con esta agua y colócalo a cierta altura. Coloca la cánula en el recto mientras te acomodas acostada de lado izquierdo. Abre el grifo de la cánula y permite que el líquido penetre los intestinos. Puedes aplicar masaje en el abdomen, siguiendo el trayecto del colon. Si la presión del agua es demasiada intensa o dolorosa, cierra el grifo durante unos minutos. Una vez que el agua se haya introducido completa en el colon, se retira la cánula. El líquido puede mantenerse unos minutos, mínimo un minuto y máximo 15. Después elimina el contenido intestinal evacuando. Los enemas pueden hacerse diariamente durante una semana o dos veces a la semana durante uno o dos meses o durante el proceso del Detox Naturista 12 días®.

  - Utiliza productos de una tienda naturista para apoyar la limpieza de tus intestinos

- Herbal Enemas by La Naturista Apothecary

- Colon Cleanse and Detox by La Naturista Apothecary

- Evalúa tu orina. Normalmente debería eliminarse 1.5 litros de orina como promedio al día, lo cual representa cinco a seis micciones diarias.

  - Utiliza plantas diuréticas en forma de tizana. Una muy buena es el diente de león. Apoya tanto la función renal como hepática. Usa una taza 3 veces al día.

  - Utiliza productos de una tienda naturista para apoyar tu salud renal

    - Herbal Detox Tea by La Naturista Apothecary

- Evalúa tu piel. Una piel que funciona bien transpira durante el esfuerzo físico, el ejercicio o en caso de elevación de temperatura. Una persona que no transpira nunca posee una piel cerrada que esforzará a los otros órganos eliminatorios.

  - Mantén una buena rutina de ejercicios que promuevan el sudor.

  - Utiliza jabón exfoliante como el jabón Skin Detox de Mujer Naturista® www.mujernaturista.com al menos una vez al día para eliminar residuos y piel muerta, especialmente después del ejercicio.

  - Date baños calientes con sales y aceites esenciales como el Detox & Relax Bath Blend de Mujer Naturista®. www.mujernaturista.com

- Evalúa síntomas de un hígado cargado o insuficiente: dolores abdominales, náuseas, hinchazón abdominal, lengua sucia, mal aliento, dolores en la coronilla de la cabeza y después de comer, imposibilidad de ingerir los alimentos grasos y proteicos.

REGENERA TU CUERPO, DESPIERTA LA DIOSA EN TI

- Apoya a tu hígado con calor. El simple hecho de proporcionarle calor favorece su trabajo. Colocando una compresa de agua caliente sobre el hígado 3 veces al día de 10 a 30 minutos, idealmente después de las comidas.

- Integra de forma variada plantas que ayuden a estimular el hígado, haciendo tizanas diarias. Puedes usar una taza antes o 30 minutos después de las comidas.

  - Diente de León (TaraxumOfficinale)

  - Romero (Rosmarinusofficinalis)

  - Cúrcuma (Curcuma longa)

  - Boldo (Peumusboldus)

  - Utiliza el suplemento Liver Refresh by La Naturista Apothecary.

- Evalúa tu salud respiratoria. La inspiración y expiración del aire debe ser regular, en profundidad y adaptarse fácilmente a los cambios de ritmo. No debe ser normal la congestión nasal, toser o expectorar. La propensión a padecer catarros de las vías respiratorias (resfriados, sinusitis, bronquitis) es un signo de intoxicación y sobrecarga de los órganos eliminatorios. Tampoco debe haber falta de aire o fatiga.

  - Realiza vapores respiratorios utilizando el aceite esencial grado terapéutico de eucalipto y tomillo. Hierve 2 tazas de agua en un recipiente de cerámica o aluminio. Añade 3 gotas de cada aceite esencial. Cubriendo tu cabeza con una toalla, inhala el vapor tanto por la nariz como por la boca.

  - Usa tizanas o tinturas de plantas que activan la eliminación de los residuos respiratorios

    - Tomillo

- Eucalipto

- Romero

- Evalúa tu vagina. El olor de la vagina y sus secreciones debe ser sutil y puede variar según la fase del ciclo. Varía entre un aroma dulce floral cuando ovulas, agrio cuando vas a menstruar o rancio cuando sudas. Es normal un leve olor a sudor después del ejercicio, estar mucho tiempo sentada o luego de muchas horas sin lavarse. Sin embargo, no es normal el fuerte olor a pescado. El olor a pescado es síntoma de vaginosis bacteriana. Tampoco debe oler a podrido o sangre podrida, ya que esto significa estancamiento de sangre vieja. La salud vaginal está muy ligada a la salud de tus intestinos. Los lacto bacilos son un tipo de bacteria probióticas que están presente tanto en los intestinos como en la vagina. La alimentación sana y las pautas de estilo de vida naturista aquí presentes pueden apoyar la salud de tu zona intima de manera general. Estas son otras herramientas que puedes hacer para dar mantenimiento a tu vagina y útero.

  - Vapores vaginales como limpieza. Utilizando aceite esencial de lavanda, salvia y orégano. Hierve 2 tazas de agua en un recipiente de cerámica o aluminio con azas para agarrar por ambos lados. Añade 3 gotas de aceite esencial de lavanda, 3 gotas de aceite esencial de salvia y 1 gota de aceite esencial de orégano. Recuerda utilizar aceites esenciales de grado terapéutico como los que trabajo a través de www.mujernaturista.com. Deja descansar por 5 minutos y luego lleva el recipiente al inodoro, baja la primera tapa y siéntate para recibir el vapor en tu vagina. Puedes cubrir con una toalla tus piernas. El agua debe estar a una temperatura tolerable y que no queme tus labios vaginales. Recuerda lavar el inodoro bien y sin usar químicos antes de usarlo para esta técnica. Puedes hacer vapores vaginales una vez a la semana. No hagas vapores si tienes algún dispositivo anticonceptivo. Tampoco se debe hacer en días de periodo menstrual.

- Utiliza copa menstrual, toallas sanitarias de tela, toallas sanitarias de algodón orgánico y sin ingredientes tóxicos. Elimina las toallas sanitarias y tampones convencionales.

- Integra de forma variada plantas que ayuden tonificar tu útero, haciendo tizanas diarias. Puedes usar de una a tres tazas al día fuera de horas de comida:

  - Cúrcuma: Utilízala en tu fase lútea (premenstrual y menstrual). La cúrcuma es una especia nativa de la India y es base de la medicina ayurvédica. La raíz forma parte de los fitoestrógenos: plantas que imitan o modulan la actividad del estrógeno corporal. Es decir, es una aliada para elevar o equilibrar los niveles de esta hormona ausente en la premenstruación, propiedad que la convierte en un antidepresivo natural. Una taza diaria diez días antes del período menstrual.

  - Frambuesa roja: Utilízalo en tu fase folicular (preovulatoria y ovulatoria). El frambueso es un arbusto de hojas suaves y frescas conocidas por sus beneficios en la salud femenina, especialmente como estimulantes y tonificantes de útero. Como regulador hormonal ayuda al útero a recuperar su condición para que los siguientes periodos menstruales sucedan con normalidad. Por otro lado, las hojas poseen alto contenido de hierro que permite recuperar este mineral perdido durante el sangrado. Tres tazas diarias por dos semanas es lo recomendado.

- Utiliza mi mezcla de hierbas purificadoras y tonificadoras del útero "Herbal Wine Uterus Cleanse & Tonic" by La Naturista Apothecary.

- Puedes realizar los vapores vaginales una vez cada dos semanas. Esta terapia ancestral se realiza también con hierbas específicas para trabajar problemas uterinos específicos. A través de una consulta individual y de acuerdo a tus necesidades te puedo poner en contacto con una colega herbóloga que puede apoyarte con vapores de hierbas específicas para ti.

Todas estas recomendaciones, según las necesites, las puedes integrar a tu plan de 90 días y continuarlas por mínimo 90 días mientras integras las herramientas de los próximos capítulos simultáneamente. Lo ideal es que las adquieras como hábitos de estilo de vida. Utiliza el cuaderno "Plan 90 días para Regenerar tu Cuerpo y Despertar a la Diosa en ti" para apoyar la planificación de tu nuevo estilo de vida.

CAPÍTULO 7

Eleva tu ser: 30 días para empezar a rescatar tu corazón de diosa

Podrás tumbar la casa modo Feng Shui, rezar a los santos, pasar años en terapia psicológica, tomar reiki, hacerte miles de constelaciones familiares, visitar 100 astrólogos o brujos, recitar mantras, afirmaciones y oraciones, hacer miles de tomas de la Ayahuasca, hacer PNL, renacimiento, curso de milagros, y todo lo que le ocurra o le aparezca en el camino, pero hasta que no abras su corazón, nada pasará.

- Anónimo.

Si vienes experimentando la búsqueda de la sanación emocional con técnicas de afuera, estás perdiendo tu tiempo. Estas prácticas tal vez te puedan aportar pistas en el camino, pero quien debe hacer el trabajo eres tú. Solo tienes que limpiar y nutrir para que la energía vital de tu corazón se active y comience el proceso de auto regeneración de tu vida emocional. Te invito en este capítulo a evaluar a través de preguntas, tu aspecto emocional y te ofreceré algunas herramientas para que conozcas cómo limpiar y nutrir, de modo que en estos próximos 30 días empieces el camino hacia la regeneración de tu corazón de diosa. Así como el cuerpo se limpia y se nutre, ahora en estos 30 días, te tocará limpiar y nutrir tu esencia emocional. En el cuaderno "Plan 90 días para Regenerar tu Cuerpo y Despertar a la Diosa en ti" puedes encontrar otras evaluaciones ideales para esta etapa.

Utilizando las herramientas de Inteligencia Emocional Holística te invito a autoanalizarte. Te recomiendo hacer una pausa en tu rutina diaria, escribir y contestar a mano las siguientes preguntas para cada una de las áreas de tu vida: Contigo misma, tus relaciones de pareja, tu familia y tu profesión.

- ¿Cómo te sientes hoy emocionalmente?

- ¿Cómo te quieres sentir?

- ¿Qué tienes que hacer para sentirte cómo quieres?

- ¿Te sientes sobrecargada emocionalmente?

- ¿A qué le temes como para permitir esta sobrecarga?

- ¿Cómo vas a limpiar estas toxinas emocionales?

- ¿Cómo vas a nutrir con amor esta área?

La Inteligencia Emocional Holística es un modelo de aplicación de la inteligencia emocional en las áreas de la vida creado por la Dra. Wanda Bonet Gascot. A través del *coaching* de inteligencia emocional holística, obtuve las herramientas para poder apoyar mi proceso de sanación emocional. Actualmente, lo utilizo para apoyar a mis pacientes a identificar a través de las emociones, las áreas de oportunidad que se deben trabajar o mejorar en cada aspecto que compone su vida. Ha sido una herramienta que me ha ayudado a evaluar la salud emocional y poderlos encaminar hacia las herramientas tanto de limpieza y nutrición que propongo como regenerar el corazón.

Una vez que hayas identificado la emoción, te recomiendo pasar al proceso de autoregeneración emocional: *Acepta, Reconoce, Perdona, Re-Edúcate y Corrige.*

1. Como dice Carl Gustav Jung "Lo que niegas, te somete y lo que aceptas, te transforma". Aceptar la emoción implica tomar responsabilidad por la misma, ya que nadie más que tú fue quien la permitió y la instaló en tu ser. La afirmación: "Aunque tengo _____, me amo y me acepto" te ayudará a canalizar mejor este proceso. En el blanco, puedes añadir las emociones que estés identificando.

2. Reconoce que tu esencia natural emocional es pura en amor incondicional.

3. Perdónate por haberte permitido estas emociones que van en contra de tu esencia pura en amor incondicional.

4. Edúcate con las técnicas para trabajar con la limpieza de esta emoción.

5. Corrige nutriendo esa área con acciones de amor.

Una vez hayas recorrido el proceso de Regeneración Emocional, entonces utiliza las técnicas de limpieza y nutrición para llevar a tu día a día las prácticas que te permitirán apoyar el proceso de regenerar tu esencia emocional como yo lo hice y lo práctico.

Técnicas para limpiarte emocionalmente

- El perdón. Utiliza el perdón para sanar con aquellas personas (o incluso contigo misma) a quienes culpaste de las circunstancias, situaciones o eventos por los que pasaste, que causaron en ti emociones tóxicas. Recuerda que cada persona que pasa por tu vida, solo te está enseñando algo de ti misma. Si la experiencia fue negativa y causó dolor, recuerda que el dolor es el síntoma, pero la raíz está en la percepción que te llevó a sentir dolor. El dolor bien trabajado, no tiene porqué causar sufrimiento, sino evolución. Lo que tienes que sanar es la percepción. Una vez que identificas la percepción negativa y la cambias por aprendizaje o enseñanza, entonces te das cuenta de que la persona involucrada, simplemente ha sido una herramienta de sanación. Busca en mi página web www.mujernaturista.com las guías de sanación: *Guía del Perdón* por Ana Carina Castillo y Arlyn Abreu, y las guías *Sanando con Mamá y Sanando con Papá* de esta servidora.

· La ley del espejo. La ley del espejo afirma: "El mundo exterior actúa como un espejo, reflejando tanto nuestra luz como nuestra sombra, siendo un retrato de nuestro mundo interior". Si alguien nos despierta emociones desagradables, aunque no lo sepamos, probablemente, es porque de algún modo refleja algo de nosotros mismos que no queremos ver y tenemos que trabajar en ello, dándole espacio para permitirlo, sanarlo, o liberarlo. No obstante, los problemas solo se solucionan de raíz si modificamos nuestro estado interno, porque si esperamos que cambien los demás y las situaciones que nos envuelven, nunca nos sentiremos satisfechos. La actitud es lo que marca la diferencia y el primer paso para mejorarla es la toma de conciencia. Al hacerlo plenamente, nos damos cuenta de que no tenemos por qué sentirnos constantemente víctimas de nuestras circunstancias. En gran medida, en nuestras manos está cambiar la realidad, adquiriendo la responsabilidad por nosotros y brindándonos la oportunidad para actuar y dejar de sentirnos indefensos y desprotegidos ante el resto del mundo. Piensa en algún momento que te hayas descubierto a ti misma sintiéndote mal por algo que te haya sucedido con otra persona, por ejemplo, después de tener una discusión. Empieza por preguntarte: ¿Qué es lo que refleja este espejo de mí? Cuando te molesta algo de los demás, tu espejo te puede estar mostrando aspectos de ti misma que tal vez no aceptas. Cuando sentiste decepción por una persona, fuiste tú quien creó expectativas de la misma, entonces evalúa cuáles expectativas no has cumplido en ti misma. Cuando alguien te hace algo que no te gustó, evalúa a quién le estás haciendo lo mismo en otro aspecto de tu vida.

- El Ho'oponopono. Es un sistema de sanación físico, mental, emocional y espiritual practicado desde hace 5,000 años por los nativos hawaianos. El fundamento del ho'oponopono se basa en que los seres humanos repetimos sistemáticamente pensamientos tóxicos, pautas mentales y emociones negativas que provienen de nuestros ancestros, vidas pasadas y todo aquello que se adquiere en las experiencias tempranas de la infancia, y en el desarrollo posterior de nuestra vida. Esta información debe borrarse, para luego ser realmente nosotros mismos. La técnica se base en la repetición de ciertas frases, como si fueran un mantra. Puede hacerse en cualquier momento del día y sin límite. *"Lo siento, perdóname, gracias, te amo"*. Son las frases gatillos más conocidas de esta técnica. Sirven para mejorar conflictos con otro. Apuntan a borrar la memoria que nos llevó a esta situación (PEREZ, 2013).

Una vez que hayas realizado el autoanálisis del perdón y la ley del espejo, practica escribir las frases del Ho'oponopono 21 veces por 21 días seguidos. Ejemplo: "_____ lo siento, perdóname, gracias, te amo". En el espacio en blanco, escribes tu nombre o el nombre de la persona con quien harás tu proceso de sanación. Si te saltas un día, tienes que empezar nuevamente. De esta forma comenzarás a crear nuevas emociones relacionadas al conflicto principal y solo así lograrás regenerar esa área de tu vida, pues conseguirás cambiar tu frecuencia energética. Ahora estarás lista para nutrir esa área de tu vida con los aspectos relacionados a manifestar amor en cada una de ellas. También puedes grabarte recitando las frases 21 veces y escucharlas a diario por 21 días.

Herramientas para nutrir las áreas de tu vida con amor:

- Amor propio: agenda en tu día tiempo para ti, para estar sola, para leer, para viajar, para retomar actividades recreativas que disfrutes. Esto especialmente en tu fase de menstruación.

- Amor de pareja: integra a tu relación actividades diferentes, expresa a tu pareja cómo te sientes. Si es necesario, rompe con la relación que no nutre tu corazón.

- Amor de familia: pasa tiempo con tu familia, identifica amistades que son como familia, crea un grupo o clan de mujeres, sal con tus amigas, crea un chat o grupo virtual con personas que te hagan sentir en familia.

- Amor en tu carrera profesional: emprende una idea, estudia algo nuevo que te apasione, planifica el moverte a un empleo nuevo.

- Amor por la vida: encuentra tu propósito y practícalo, dona de tu tiempo o recursos a una causa social, interactúa con la naturaleza.

En el cuaderno "Plan 90 días para Regenerar tu Cuerpo y Despertar a la Diosa en ti" puedes encontrar la evaluación de la rueda de la vida. Otra herramienta poderosa para conectar con tus emociones y tomar acción para transformarlas.

Mientras practicas tu nuevo estilo de vida aplicando las recomendaciones del capítulo 6, integra las herramientas de este capítulo 7 durante un mes. Te aseguro que tu vibra empezará a elevarse y verás cómo poco a poco empezarás a ver los resultados llegar. La clave para atraer algo que deseas hacia tu experiencia consiste en alcanzar una armonía vibratoria con lo que deseas. La forma más sencilla de alcanzar esa armonía vibratoria es trabajar en la limpieza y pureza de tu cuerpo físico y emocional. En el próximo capítulo te presento las herramientas para limpiar y nutrir tu mente.

CAPÍTULO 8

Libera tu mente: 30 días para rescatar la mente de la diosa

En este capítulo te compartiré las herramientas a trabajar en los próximos 30 días, donde integrarás a tu nuevo estilo de vida las prácticas para rescatar la mente de la diosa. Rescatar la mente de la diosa significa poner al genio a trabajar a tu favor. Para realizar esta parte, es importante que hayas completado lo anterior. Una vez que hayas identificado tus emociones y el miedo detrás de las mismas, en esta parte identificarás los pensamientos negativos que están detrás de estas emociones. Una vez que identifiques los pensamientos, entonces será más fácil encontrar la programación que los instaló.

Recuerda que las emociones y pensamientos son solo síntomas, la enfermedad o raíz es la programación instalada. Debes llegar a la programación, darle *delete* e instalar una nueva. Solo así pondrás a tu genio -tu mente- a trabajar a tu favor. Es el mismo proceso que has estado haciendo con tu cuerpo y tu corazón, pero ahora con la mente. Primero evalúas, luego limpias y por último nutres. De esta forma regeneras tu mente, para recuperar la mente creadora de la diosa.

Utiliza los miedos que identificaste en el capítulo anterior o idéntica cuáles son tus miedos, temores más profundos o creencias limitantes:

- ¿Qué te hacen pensar esos miedos?

- ¿Cómo te hacen sentir esos pensamientos?

- ¿Desde cuándo piensas de esta forma?

- ¿En qué momento de tu vida se instaló este pensamiento?

- ¿Identificas la programación limitante en una frase? Ejemplo: "No soy capaz de generar abundacia"

- ¿Puedes recrear una frase nueva? Ejemplo: "Soy capaz de generar abundancia"

Una vez que hayas identificado la emoción, te recomiendo pasar al proceso de autoregeneración emocional: *Acepta, Reconoce, Perdona, Re-Edúcate y Corrige.*

1. Como dice René Descartes "Pienso, luego existo". Aceptar la programación implica tomar la responsabilidad por la misma, ya que nadie más permitió que se instale, sino tú misma. Lo que ahora vives, en algún momento lo pensaste. Las programaciones que aceptas, de alguna forma u otra te están aportando un beneficio. Hay programaciones que tienen beneficios negativos, como por ejemplo aceptar la programación "Si me enfermo, cuidarán de mí", en este caso se acepta la necesidad de la enfermedad con la finalidad de obtener atención emocional.

2. Reconoce que tu esencia natural mental es creación sin límites.

3. Perdónate por haberte permitido estas programaciones que van en contra de tu potencial para crear prosperidad, amor, alegría, gozo, plenitud, etc.

4. Edúcate con las técnicas para trabajar con la limpieza de estas programaciones.

5. Corrige nutriendo tu mente con conocimiento que apoyen las emociones de alta vibración.

Técnicas para identificar y limpiar tus programaciones

- Terapia de Respuesta Espiritual: La Terapia de Respuesta Espiritual, o TRE, es un meticuloso proceso de investigación de los archivos del subconsciente y del alma desarrollada por Robert Detzler, que ayudan a limpiar las energías de vidas pasadas, presentes y futuras, a armonizar las relaciones, fortalecerse para un propósito, liberar bloqueos del subconsciente y recuperar la salud, la prosperidad, la felicidad y el crecimiento espiritual. La TRE permite un acceso directo con el Yo Superior de la persona, para obtener la información sobre la causa raíz de sus problemas, así como cuándo y por qué se establecieron los programas. Una vez identificados los bloqueos o programas, entonces podemos de forma consciente apoyarla limpieza de esta programación reprogramando al subconsciente con mensajes positivos.

- Biodescodificación. La biodescodificación es una propuesta de la medicina alternativa que intenta encontrar el origen metafísico de las enfermedades o su significado biológico a través de identificar el conflicto emocional para buscar a partir de allí la forma de sanar. Biodescodificación es el nombre que se da en España a uno de los nuevos enfoques terapéuticos desarrollados a partir de los descubrimientos del médico alemán Ryke Geerd Hamer sobre el origen y el sentido de las enfermedades y la experiencia de numerosos investigadores y practicantes, como Claude Sabah, Marc Fréchet, George Groddeck, Anne Schutzenberger, Salomon Sellam. Estos y otros autores han demostrado que las "enfermedades" no existen como tales, sino que se trata de programas biológicos de supervivencia que activa el cerebro para adaptar al organismo al estrés que padece, fruto de los conflictos que afectan a todo ser vivo. La biodescodificación, al igual que el Naturismo, afirma que la enfermedad se puede definir como el síntoma de que nuestro cuerpo está en desequilibro y esta es su respuesta de adaptación al entorno que le genera estrés.

Por tanto, la enfermedad es reversible siempre que saquemos al organismo del estrés que vive. El responsable de cómo se adapta el cuerpo al estrés es el cerebro, a través de sus programas biológicos desarrollados a lo largo del proceso evolutivo de la especie. Pero, quien crea las percepciones a las que reacciona el cerebro es la mente. De acuerdo a lo que haya en la mente, se formará una percepción y esa percepción puede generar un conflicto cuando va en contra de tu esencia. El cerebro, entonces, reacciona al conflicto como respuesta a un estresor y de este modo se van creando reacciones físicas que causan las enfermedades. La intensidad del estrés vivido, que se percibirá como respuesta emocional, define la profundidad del cambio orgánico y, por tanto, la gravedad de la enfermedad que se desarrollará si el desequilibrio se mantiene en el tiempo.

De aquí, es posible concluir que en todas las enfermedades exista un factor psíquico, determinado principalmente por los procesos subconscientes de la mente, los que determinan la percepción de la amenaza y los que generan más del 90% de nuestro comportamiento. Cada uno de los síntomas de la enfermedad tiene un sentido para el subconsciente, que los usa para adaptarse a la situación de estrés. Utilizando un diccionario bioemocional, es posible identificar el conflicto, hacerlo consciente y corregirlo.

- Programación Neurolingüística: La Programación Neurolingüística (PNL) es un modelo dinámico que trata de explicar cómo funciona el cerebro humano y cómo procesamos la información que nos llega del mundo que nos rodea. Con la programación neurolingüística se descubre cómo se comunica el ser humano consigo mismo y con su entorno. De esta manera, aprendiendo cómo procesamos la información, podemos descubrir nuestros patrones y cambiarlos con determinadas técnicas específicas como la visualización, los reencuadres, la línea del tiempo, el cambio de historia, etc. La desarrollaron Richard Bandler (informático y psicoterapeuta) y John Grinder (catedrático universitario de lingüística) en los años 70, en la Universidad de Santa Cruz en California.

Herramientas para nutrir tu mente:

Ten en cuenta que tanto la mente consciente como subconsciente se programan a través de los cinco sentidos. A lo que expongas tus cinco sentidos, es lo que irá reprogramando tu mente. Si ya identificaste tu programación limitante, ahora lo que tienes que hacer es buscar la forma de experimentar con tus cinco sentidos lo contrario a esa programación limitante o hacer afirmaciones reprogramables mientras prácticas el placer en uno de tus cinco sentidos. Es como practicar la atención plena con tus cinco sentidos.

Pongamos un ejemplo sobre la prosperidad y la abundancia. Has identificado que en tu adolescencia tu padre te dijo que para hacer dinero hay que "fajarse", tú lo creíste porque no conocías que había otras formas de hacer dinero. Así que dejaste a un lado las relaciones y enfocaste tu vida en torno al trabajo, te obligas a trabajar para cumplir con tus responsabilidades y no tomas tiempo para divertirte y experimentar el amor. Entonces, te crees que experimentar el amor es peligroso, porque te quitará tiempo requerido para hacer dinero y pagar tus responsabilidades. Eso te ha llevado a vivir amargada y como respuesta física manifestaste diabetes. Según el diccionario de Biodescodificación emocional, el sentido biológico de la diabetes es evitar que el azúcar (la dulzura) que es considerada peligrosa, entre en mis células (ser más profundo). Una vez que está identificado el conflicto, pasas por el proceso de Regeneración Emocional, creas tu afirmación sanadora que podría ser: "El amor complementa mi prosperidad y abundancia" o "Por favor, Creador, ayúdame con mi intención de sanar mi prosperidad y abundancia".

Ahora que tienes tu afirmación positiva, comienza el proceso de reprogramación. Para esto escribe la frase positiva mínimo 21 veces por 21 días. O recita tu afirmación todos los días por 21 días, especialmente en momentos donde estás experimentando vibraciones altas como cuando: sientes goce, satisfacción y deleite con tus cinco sentidos, al despertar por la mañana o al acostarte por la noche.

Aquí algunos ejemplos de que puedes practicar con tus sentidos para simultáneamente instalar recitar tus afirmaciones e instalar nuevas programaciones a tu mente de forma más eficiente.

- Vista: visualízate amando y recibiendo fortuna, pega en algún lugar visible de tu hogar la imagen de una pareja próspera, afirma la frase mientras miras un paisaje o imágenes que te causen amor, compasión o ternura.

- Gusto: afirma la frase mientras comes o degustas algo que te encante.

- Olfato: afirma la frase mientras hueles algo que te guste.

- Tacto: afirma la frase mientras sientes el ambiente en la naturaleza o tocas texturas agradables para ti.

- Audición: grábate recitando las afirmaciones y escúchate todos los días por mínimo 21 días corridos. Afirma la frase mientras escuchas música placentera con frecuencia 432 Hz.

- Orgasmo consciente: Sabemos que suena demasiado bello para ser verdad, pero si puedes usar la energía sexual para crear otro ser vivo, ¿por qué no podrías crear otras cosas? La idea es que en el momento del orgasmo (o pico de energía sexual), todo es posible. En ese momento de mayor placer, podemos usar la liberación energética para convertir nuestros sueños en realidad. Se dice que las mal llamadas brujas, practicaban este tipo de actos. No es cuestión de magia, es cuestión de energía. Ya sea que creas en la magia o no, no se puede negar el poder de las endorfinas orgásmicas. En mi próximo libro "Rescatando la sexualidad de la diosa" abundaré más sobre estos temas.

Practica diariamente al menos una de las herramientas de experimentar con tus cinco sentidos. Si escoges reprogramar tu mente para manifestar algo en particular te recomiendo hacerlo por mínimo 21 días consecutivos, utilizando la frase de manifestación "Por favor, Divinidad (Padre/Madre), ayúdame con mi intención de_____". Recita mentalmente esta frase o escríbela en un papel 3 veces en la mañana, 6 veces al medio día y 9 veces antes de dormir por mínimo 21 días corridos y máximo 45 días.

Aquí combino la práctica del yoga mental creada por Francés Fox y el uso de los números 3,6,9, un enigmático código de la creación y de la energía universal que se manifiesta en el mundo material descubierto por Nikola Tesla.

Por último, practica la magia del agradecimiento. Agradece todos los días por la oportunidad de experimentar la vida y que cada nuevo amanecer es una oportunidad para crear la vida que deseas. Agradece por tu pasado, por tu presente y por tu futuro. Agradece y bendice a todo y todos los seres que te encuentras al pasar en tu día a día. Visualízate como si estuvieras viviendo y experimentando tu sanación en todos los niveles. Agradece como si ya tuvieras todo lo que deseas en tus manos, es clave para unirte a la frecuencia de atraer a ti todo lo que quieras. El proceso de regenerar tu vida depende únicamente de ti. Haz tu propia afirmación de agradecimiento y realízala todos los días al levantarte y acostarte.

En este capítulo te he compartido las herramientas para limpiar y nutrir tu mente, de modo que puedas integrarlas a tu nuevo estilo de vida donde has venido trabajando con tu cuerpo y tus emociones. Esta es la forma en la que practico día a día el experimentar la vida desde la diosa en mí, donde todos los días soy responsable de mantener mi cuerpo físico con los hábitos que van a favor del ritmo biológico de mi cuerpo, integro las prácticas necesarias para equilibrar mis 4 elementos y apoyo los procesos importantes de mi sistema. Además, todos los días son una oportunidad para crecer utilizando la ley del espejo, al resolver cualquier situación que pueda causar incomodidad y una vez que reconozco que me salgo de mi frecuencia natural del amor, busco la manera de practicar los actos que me devuelvan rápidamente a esta frecuencia.

Por otro lado, día a día procuro nutrir mi mente con nuevos conocimientos que apoyen mi potencial para crear el futuro que deseo y practico experiencias que apoyen la experimentación de sensaciones hermosas con mis cinco sentidos. Esta es la forma en que he podido recuperar y mantener tanto mi cuerpo físico (salud y vitalidad) como también experimentar el amor e ir poco a poco construyendo la vida que sé que merezco como ser universal. Esta es la forma en que también he podido lograr irme por encima de las circunstancias del mundo, logrando llevar una vida en armonía sin importar las circunstancias de afuera, pues reconozco que soy partícipe de la realidad del mundo, y que he regenerado mi vida desde mi poder. Es la forma en que apoyaré la regeneración de la sociedad y del planeta.

De aquí en adelante no se trata de que no haya desequilibrios de salud, tropiezos, obstáculos o desafíos. Se trata de que obtengas las herramientas necesarias para retomarte, vencerlos y seguir evolucionando. Limpiar, Nutrir y Regenerar para día a día conquistar tu Templo, elevar tu Ser y liberar tu Mente. Te invito a tomar este libro como guía cada vez que te pierdas en el camino. Las herramientas siempre estarán, solo se trata de empezar. Cada vez que te pierdas, empieza de nuevo. Pero recuerda, la salida es hacia adentro, hacia ti misma. Tú eres tu propia medicina.

¿Estás lista para empezar tu nueva vida de diosa? Te invito a realizar los 90 días que aquí te propongo. Empieza ya, adquiriendo el primer paso de tu regeneración: El Detox Naturista 12 días®, estás invitada a mi grupo de Facebook Mujer Naturista. Nos vemos en el camino.

Si así lo permites, vas a experimentar una gran regeneración. Sentirás cómo el miedo se transforma en amor; la carencia en prosperidad; la confusión, claridad; lo bloqueado comienza a moverse; el dolor se transforma en salud.

¡Te espero, mujer Grandiosa!

Pamela Bernal, La Naturista

Bibliografía

- American Cancer Society. (2020). *Cancer Facts and Figures for Hispanic/Latinos 2018-2020*. Atlanta: American Cancer Society.

- Ashpari, Z. (2018, sept 29). The Calming Effects of Passionflower. *Health Line*.

- Bailo, U. (2019). *Curso Seminario de Ginecologia Natural*. LAIA Naturopatia.

- Bonet-Gascot, W. (2019). *Inteligencia Emocional Holística: Enfócate, Todo es Energía*. Palibrio.

- Bonow RO, G. A. (2005). The cardiovascular state of the union. Confronting healthcare disparities. *Circulation*.

- Borresen, K. (2018, 07 19). Las diferencias entre el amor y el deseo, según los expertos en relaciones. *The Huffpost*.

- Briden, L. (2015). *Period Repair Manual: Natural Treatment for Better Hormones and Better Periods*.

- Carolyn Murdaugh, S. H. (2004). Domestic Violence in Hispanics in the Southeastern United States: A Survey and Needs Analysis. *Journal of Family Violence*.

- Corcoran A, C. M. (2014). Latinas' attitudes about cervical cancer prevention: a meta-synthesis. *Journal of Cultural Diversity*.

- Detzler, R. (1994). *Soul Re-Creation: Developing Your Cosmic Potential*.

- Eker, T. H. (2005). *Secrets of the Millionaire Mind: Mastering the Inner Game of Wealth*.

- Erik M Olsson, B. v. (2009). A randomised, double-blind, placebo-controlled, parallel-group study of the standardised extract shr-5 of the roots of Rhodiola rosea in the treatment of subjects with stress-related fatigue. *Planta Medica*.

- Fromm, E. (1956). El Arte de Amar.

- Gray, M. (1994). *Luna Roja*.

- HERNÁN, D. E. (2015). *Curso de Medicina Natural en 40 Lecciones*. Ediciones Librería Argentina .

- Hernan, D. E. (2007). *Nutrición humana y cocina vegetariana*. Ediciones Librería Argentina.

- Hernandez, X. N. (2019). *Mujer Ave minimal: Antología de vuelos y caídas*. Independiente.

- Hicks, E. H. (2004). *Ask and It Is Given (Pide Y Se Te Dará: Aprende a manifestar tus deseos)*.

- Hippocrates. (1817). *The Aphorisms of Hippocrates*.

- Jardim, N. (2020). *Fix Your Period: Six Weeks to Banish Bloating, Conquer Cramps, Manage Moodiness, and Ignite Lasting Hormone Balance*.

- JENSEN, B. (2016). *La limpieza y regeneración de los tejidos celulares*.EDICIONES OBELISCO S.L.

- Joseph, S. (2019). Sound Healing using Solfeggio Frequencies. *American College of Healthcare Sciences*.

- Kaho Akimoto, A. H. (2018). Effect of 528 Hz Music on the Endocrine System and Autonomic Nervous System. *Health*.

- Kiefer, E. (2019). Why this orthopedic surgeon insists women should 'sit like a man. *The Washington Post*.

- Malet, J. P. (2014). *La Fuerza de lo Invisible: La ciencia del Desdoblamiento del Tiempo.*

- Massey, K. P. (2016). Health Disparity among Latina Women: Comparison with Non-Latina Women. *Clin Med Insights Womens Health* , 1.

- PEREZ, R. (2013). *HO'OPONOPONO. LA PAZ COMIENZA CONTIGO.*Continente.

- Pert, C. B. (1997). *Molecules of Emotions.*

- Plan-international.org. (2020, Mayo 20). Surge in violence against girls and women in Latin America and Caribbean. *Plan International Publications.*

- Pujo, J. M. (2016). *Diccionario Bioemocional* 2016.

- RAE. (n.d.). *rae.es.* Retrieved from Real Academia Espanola.

- Ruiz, D. M. (2001). *La Maestria del Amor.*

- Selma Caal, L. G. (2012). *Reproductive Health Care through the Eyes of Latina Women: Insights for Providers.*Child Trends.

- Serra, U. (2020). *Las reglas del juego: Claves para entender los principios universales que rigen tu vida.* Independently Published.

- Vasey, C. (2008). *El Pequeno Libro de la Medicina Natural.*

- Wu, K. (2017). Love, Actually: The science behind lust, attraction, and companionship. *Harvard University Blog.*

Acerca de la autora

Pamela Bernal nació el 26 de abril de 1990 en Santiago de Los Caballeros, República Dominicana. A la edad de 6 años sus padres emigraron a Puerto Rico, donde se dedicaron a emprender como pequeños comerciantes.

Desde pequeña siempre mostró interés por la biología y las artes. Así como su pasión por los temas de salud natural, la cocina, el baile, la astrología y el emprendimiento de negocios.

Se destacó como estudiante de honor desde la escuela elemental hasta sus estudios de post grados. Luego de estudiar mercadeo y finanzas, decide darle un rumbo diferente a su vida persiguiendo su don y pasión por la sanación y la promoción de la salud natural, a través de la Naturopatía, y otras modalidades de la salud y bienestar holístico.

Actualmente ejerce como Naturópata Licenciada, y también es Terapista Certificada de Respuesta Espiritual, Coach Certificada en Inteligencia Emocional Holística e instructora de Sanza. Además, es bloguera, promotora y educadora del Naturismo como estilo de vida para la prevención y regeneración de la salud. Dándose a conocer por la creación del programa Detox Naturista 12 días.

Es fundadora del concepto de comida y bebidas naturistas: Zumo Fresco y del movimiento y marca para el empoderamiento y sanación Holística de la mujer latina, Mujer Naturista. Así mismo, es Co-fundadora de Regenera Health & Wellness Inc. una compañía internacional que ofrece una metodología integral basada en productos y servicios naturales para la regeneración del cuerpo, la mente y el ser.

Se ha destacado como educadora y promotora de la salud preventiva. Ha tenido la oportunidad de moderar el programa Pulsando lo Natural en Salud 1520 am y ha colaborado con artículos de interés para las revistas de salud Borinquén Natural y Buena Vida.

En el 2016 fue galardonada con el premio Emotional Intelligence Ambassador 2015 por la Sociedad de Inteligencia Emocional de Orlando, Florida y nominada a mejor blog de estilo de vida y salud en los Puerto Rico Blogs Awards 2018.

Ellas despertaron su diosa...

Desde hace tiempo estaba buscando algo que me ayudara a bajar de peso, pero no quería que fuera una "poción mágica" (batidas, pastillas), quería algo que me ayudara a limpiar de alguna manera mi sistema, mi cuerpo y hasta mi mente. Cuando vi el programa detox de Pamela encontré lo que buscaba, ya que es un detox holístico, que incluye un programa de 12 días que ayuda a comenzar a desintoxicar y recuperar el cuerpo. Durante el detox logre bajar 9 libras, mi piel ha mejorado muchísimo, y mi energía ha aumentado grandemente. Pamela y su equipo han estado disponibles en todo momento para responder mis dudas y ayudarme en el proceso. Por eso decidí continuar con un programa de alimentación y sanación con ella y en menos de una semana he bajado 2 libras más, para sumar un total de 11 libras en menos de un mes. Como dice Pamela a través de este plan de detox y de alimentación aprendes a conquistar tu templo, liberar tu mente y elevar tu ser.

Vanesa Álvarez, 45 años

Me siento inmensamente satisfecha con los resultados del detox de 12 días. Durante estos días de detox fue un proceso donde aprendí a escuchar y entender mi cuerpo. La meditación guiada por La Naturista, me ayudó a poder lograr terminar con el detox. Pamela estuvo al pendiente y eso sirvió de mucha ayuda. Hasta baje 9 lbs. Hoy mi cuerpo me lo agradece y me siento tan feliz de poder encontrar a esta hermosa profesional de la salud. Gracias al equipo de Regenera

Elizabeth Pérez, 34

Ya no me queda la menor duda de que una gran parte de lo que me provoco mi enfermedad era el aspecto emocional en el que permití que me llevaran. Estrés crónico, relación toxica y abusiva, sufrimiento extremo, abuso económico. Nadie puede tener bienestar físico bajo esas condiciones. Recuerdo cuando me evaluaste y diste con lo que me sucedía y mis palabras fueron "nadie me ha tratado tan mal en mi vida como la persona que tengo a mi lado" y comencé a transformar mi vida. Te agradezco inmensamente tu intervención. Al siguiente día de tomar la decisión más importante de mi vida, ya tenía PAZ.

Sylvia Díaz, 50 años

El programa es excelente. Yo lo hice y los resultados fueron una maravilla. No solo bajé de peso, la inflamación abdominal se fue por completo. Mis dolores menstruales desaparecieron, y yo era de las que el dolor me tumbaba por completo. Fue un cambio total. Se lo recomiendo 100%, no se van a arrepentir.

Blanca Rodríguez, 48 años

Saludos, con el detox me fue genial. Resultado final 8 libras menos. Recupere la energía natural de mi cuerpo, en armonía y balance perfecto. Me siento liviana. Al día siguiente de haber completado el proceso tuve mi menstruación y ni sentí dolor. La alimentación es clave en ese proceso. Muchas gracias.

Milagros Santos

Lo que más me gustó del detox de 12 días es que comencé una relación saludable con las frutas y vegetales. Antes comía de todo y me sentía pesada, sin energía, mi sistema digestivo estaba realmente sufriendo. Sabía que necesitaba un cambio de alimentación, pero no sabía cómo hacerlo o qué comer, o cómo combinar los alimentos. Con el naturismo, aprendí a que casi todo lo que necesito está en el área fresca del supermercado. Nada congelado. Aprendí a disfrutar el tiempo construyendo mis comidas y vi como reaccionaba mi cuerpo. Le dije adiós a la inflamación y a unas libras de más. Ahora seguí a la segunda etapa que consiste en un programa más especializado y me encanta como estoy tomando el control de mi cuerpo nuevamente.

Elena Menéndez, 52 años

Los resultados han sido increíbles porque cada vez me siento más limpia. Se refleja en mi piel, olor, la digestión es rápida, tengo mejor rendimiento, y energía, el dolor menstrual desapareció y gracias a todo eso me siento más productiva y segura.

Norelys Ortiz, 19 años.